1989 in Berlin

Ingo Juchler

1989 IN BERLIN

SCHAUPLÄTZE DER FRIEDLICHEN REVOLUTION

Bibliografische Information der Deutschen Nationalbibliothek
Die Deutsche Nationalbibliothek verzeichnet diese Publikation
in der Deutschen Nationalbibliografie; detaillierte bibliografische
Daten sind im Internet über http://dnb.d-nb.de abrufbar.
Alle Rechte vorbehalten.

Dieses Werk, einschließlich aller seiner Teile, ist urheberrechtlich geschützt.
Jede Verwertung außerhalb der engen Grenzen des Urheberrechtsgesetzes ist
ohne Zustimmung des Verlages unzulässig und strafbar. Das gilt insbesondere
für Vervielfältigungen, Übersetzungen, Mikroverfilmungen, Verfilmungen und
die Einspeicherung und Verarbeitung auf DVDs, CD-ROMs, CDs, Videos, in
weiteren elektronischen Systemen sowie für Internet-Plattformen.

© berlin edition im be.bra verlag GmbH
Berlin-Brandenburg, 2019
KulturBrauerei Haus 2
Schönhauser Allee 37, 10435 Berlin
post@bebraverlag.de
Lektorat: Matthias Zimmermann, Berlin
Umschlag: typegerecht, Berlin
Satz: typegerecht, Berlin
Schrift: Milo Serif 10/14 pt
Druck und Bindung: Finidr, Český Těšín
ISBN 978-3-8148-0236-7

www.bebraverlag.de

INHALT

9 **Einleitung**

24 **»Wir fordern freie und geheime Wahlen!«**
Haus der Ministerien

26 **»Antifaschistischer Schutzwall«**
Berliner Mauer

28 **»Dialektik ohne Dogma?«**
Emil-Fischer-Hörsaal, Humboldt-Universität

30 **»Es war halt ein Lebensgefühl«**
Staatsbibliothek

32 **»Ballade vom preußischen Ikarus«**
Weidendammer Brücke

34 **»Leute ohne Rückgrat hab'n wir schon zuviel«**
Künstlerhaus Bethanien

36 **»Zur Strategie einer kommunistischen Alternative«**
Auditorium maximum der TU Berlin

38 **»Blues-Messen«**
Samariterkirche

40 **»Frieden schaffen ohne Waffen«**
Gemeindesaal der Samariterkirche

42 **»Nur eine atomwaffenfreie DDR ist ein Beitrag zu einem atomwaffenfreien Europa«**
Auferstehungskirche

44 **»Glasnost in Staat & Kirche«**
Pfingstkirche

46 »We could be heroes just for one day«
Brandenburger Tor

48 **»Umwelt-Bibliothek«**
Zionskirche

50 **»Gorbatschow – Demokratie – Frieden«**
Gethsemanekirche

52 **»Die Zensur ist überlebt, paradox, menschenfeindlich, ungesetzlich und strafbar«**
Kongresshalle

54 **»Radio Glasnost«**
Redaktionsräume Radio 100

56 **»Freiheit ist immer Freiheit der Andersdenkenden«**
Frankfurter Tor

58 **»Carl von Ossietzky – Das Risiko eine eigene Meinung zu haben«**
EOS Carl-von-Ossietzky

60 **»Dieses Land ist es nicht«**
Werner-Seelenbinder-Halle

62 **»Knoblauch und Schokolade«**
Evangelisches Konsistorium

64 **»Wir haben nachgewiesen, dass die SED Wahlbetrug begangen hat«**
Stephanus-Stiftung

66 **»Die Kandidaten sollten die Annahme ihrer Mandate ablehnen«**
Elisabethkirche

68 **»Hier ruht die Demokratie«**
Sophienkirche

70 **»Die chinesische Lösung schwebte von nun an wie ein Damoklesschwert über uns«**
Botschaft der Volksrepublik China

72 **»Neues Forum – Aufbruch 89«**
Wohnung von Bärbel Bohley

74 **»Die Zeit ist reif«**
Jugendklub Maxim Gorki

76 **»In Gefahr gerät, wer die Anstöße aus der Gesellschaft nicht berücksichtigt«**
Neue Wache

78 **»Wir bleiben hier!«**
Palast der Republik

80 **»Ich fühle mich moralisch durch die öffentliche Meinung in meinem Land, in der DDR, rehabilitiert«**
Deutsches Theater

82 **»Wider den Schlaf der Vernunft«**
Erlöserkirche

84 **»Offene Türen, offene Worte«**
Rotes Rathaus

86 **»Wir wollen neu lernen, was Sozialismus für uns heißen kann«**
Königin Elisabeth Hospital

88 **»Es ist, als habe einer die Fenster aufgestoßen …«**
Alexanderplatz

90 **»Das tritt nach meiner Kenntnis … ist das sofort, unverzüglich«**
Internationales Pressezentrum

92 **»Wir fluten jetzt! Wir machen alles auf!«**
Bösebrücke

94 **»Jetzt sind wir in einer Situation, in der wieder zusammenwächst, was zusammengehört«**
Rathaus Schöneberg

96 **»Bestandteil der öffentlichen Kontrolle in unserem Land«**
Dietrich-Bonhoeffer-Haus

- 98 **»Ich war überzeugt, dieser Geist wird nie mehr aus diesem Gemäuer weichen«**
  Haus der Demokratie
- 100 **»Mit Fantasie und ohne Gewalt«**
  Ministerium für Staatssicherheit
- 102 **»Angemaßte politische und ökonomische Macht missbraucht«**
  Gefängnis Rummelsburg
- 104 **»Es wird keine DDR mehr geben«**
  Platz des 18. März
- 106 **»Die Anerkennung der Grenze als klare Folge des Zweiten Weltkriegs«**
  Schloss Schönhausen
- 108 **»Kommt die D-Mark, bleiben wir, kommt sie nicht, gehn wir zu ihr!«**
  Altes Stadthaus
- 110 **»Man darf den Menschen nicht ihre Vergangenheit klauen«**
  Kronprinzenpalais
- 112 **»Ich protestiere gegen meine Inhaftierung«**
  Untersuchungshaftanstalt der Staatssicherheit
- 114 **»Es ist eine Stunde großer Freude, es ist das Ende mancher Illusion«**
  Schauspielhaus
- 116 **Übersichtskarte**
- 118 **Literatur**
- 121 **Abkürzungen**
- 123 **Bildnachweis**
- 124 **Der Autor**
- 124 **Danksagung**
- 125 **Personenregister**

EINLEITUNG

Die Friedliche Revolution von 1989 stellt eine historische Zäsur dar, die Deutschlands politisch-gesellschaftliche Entwicklung bis heute maßgeblich prägt: Der demokratische Umbruch in der DDR führte zum Fall der Berliner Mauer, beendete die Parteidiktatur der SED und bereitete den Weg zur Vereinigung der beiden deutschen Staaten. Weltweit wurden der Mauerfall und die deutsche Einigung als sinnbildlich für die Aufhebung des Eisernen Vorhangs in Europa wahrgenommen – ein Epochenumbruch, der die weltanschauliche, politische und wirtschaftliche Trennung aufhob, die den Kontinent nach dem Ende des Zweiten Weltkriegs entscheidend bestimmt hatte. Damit war das Tor für den weiteren europäischen Einigungsprozess geöffnet, an dem sich nun auch die mittel- und osteuropäischen Staaten beteiligen konnten.

Die Friedliche Revolution von 1989 nimmt im Reigen demokratischer Aufbrüche in Deutschland – die deutsche Revolution von 1848/49, die Novemberrevolution 1918/19, die antiautoritäre Revolte von 1968 – eine herausgehobene Stellung ein.

Nach der bedingungslosen Kapitulation der deutschen Wehrmacht und dem Ende der nationalsozialistischen Diktatur hatten die alliierten Siegermächte des Zweiten Weltkriegs Deutschland in vier Besatzungszonen eingeteilt. In der Sowjetischen Besatzungszone (SBZ) vereinigten sich die Kommunistische Partei Deutschlands (KPD) und die Sozialdemokratische Partei Deutschlands (SPD) zur Sozialistischen Einheitspartei Deutschlands (SED). Die feierliche Vereinigung der beiden Parteien der Arbeiterbewegung war im April 1946 im Ost-Berliner Admiralspalast auf massiven Druck der sowjetischen Militärverwaltung erfolgt.

Von der Gründung der DDR am 7. Oktober 1949 an regierte die SED den neuen Staat als Parteidiktatur. Den Ton gaben dabei Funktionäre an, die als deutsche Kommunisten während des Krieges in die Sowjetunion geflohen waren und sich in Moskau als Gruppe Ulbricht formiert hatten. Wolfgang Leonhard, ein Angehöriger der Gruppe, floh 1949 über Jugoslawien in die Bundesrepublik und rechnete in seinem autobiografischen Bericht »Die Revolution entlässt ihre Kinder« mit dem Stalinismus ab. Darin beschreibt er Walter Ulbrichts Anweisung vom Mai 1945, wie künftig die Herrschaft in Ostdeutschland ausgeübt werden sollte: »Es ist doch ganz klar: Es muss demokratisch aussehen, aber wir müssen alles in der Hand haben.« Was den Geist dieser Parteidiktatur ausmachte, kommt im »Lied von der Partei« von Louis Fürnberg treffend zum Ausdruck. Ernst Busch trug es erstmals anlässlich eines festlichen Konzerts für den III. Parteitag der SED im Juli 1950 im Ost-Berliner Friedrichstadtpalast vor:

Sie hat uns alles gegeben, | *Sonne und Wind, und sie geizte nie und wo sie war, war das Leben* | *und was wir sind, sind wir durch sie. Sie hat uns niemals verlassen,* | *wenn die Welt fast erfror, war uns warm. Uns führte die Mutter der Massen,* | *es trug uns ihr mächtiger Arm. (Refrain) Die Partei, die Partei, die hat immer Recht,* | *Genossen, es bleibt dabei! Denn wer für das Recht kämpft,* | *hat immer recht,* | *gegen Lüge und Heuchelei! Wer das Leben beleidigt,* | *ist immer schlecht.* | *Wer die Menschheit verteidigt, hat immer recht,* | *denn aus Leninschem Geist* | *wächst von Stalin geschweißt die Partei, die Partei, die Partei!*

Dass im real existierenden Sozialismus längst nicht alle Menschen mit den Vorgaben der SED einverstanden waren, wurde im Juni 1953 auf dramatische Weise offensichtlich: Das Zentralkomitee als politisches Entscheidungsorgan der SED hatte am 14. Mai 1953 eine Erhöhung der Arbeitsnormen beschlossen, die faktisch einer Lohnkürzung gleichkam. Diese Normerhöhung führte zu Protesten und am 17. Juni 1953 zu einem Volksaufstand, der nun nicht mehr nur die Rücknahme der Normerhöhung, sondern auch politische Reformen wie freie und geheime Wahlen forderte. Nur durch den massiven Einsatz der Roten Armee konnte der landesweite Aufstand niedergeschlagen werden.

Die Position der herrschenden SED-Parteiclique gegenüber den Forderungen der eigenen Bevölkerung wird in einem Artikel des Sekretärs des DDR-Schriftstellerverbandes Kurt Barthel deutlich, der wenige Tage nach dem Aufstand im SED-Zentralorgan *Neues Deutschland* erschien. Darin rechnete der Schriftsteller mit den Bauarbeitern der Stalinallee (heute Karl-Marx-Allee) ab, die die Proteste in Ost-Berlin maßgeblich initiiert hatten: »Schämt ihr euch auch so, wie ich mich schäme? Da werdet ihr sehr viel und sehr gut mauern und künftig sehr klug handeln müssen, ehe euch diese Schmach vergessen wird. Zerstörte Häuser reparieren, das ist leicht. Zerstörtes Vertrauen wieder aufrichten ist sehr, sehr schwer.« Bertolt Brecht kommentierte das Schreiben Barthels in seinem postum veröffentlichten Gedicht »Die Lösung«:

Nach dem Aufstand des 17. Juni | Ließ der Sekretär des Schriftstellerverbands
In der Stalinallee Flugblätter verteilen | Auf denen zu lesen war, dass das Volk
Das Vertrauen der Regierung verscherzt habe
Und es nur durch verdoppelte Arbeit | Zurückerobern könne. Wäre es da
Nicht doch einfacher, die Regierung | Löste das Volk auf und | Wählte ein anderes?

An der von Kurt Barthel vorgestellten arrogant-bigotten Haltung der Parteifunktionäre sollte sich bis zum Niedergang der SED nichts ändern. Die Parteidiktatur krankte bis zu ihrer Beendigung durch die Friedliche Revolution an der Unfähigkeit zur Reform ihrer allgegenwärtigen Herrschaft. In den frühen Morgenstunden des 13. August 1961 ließ die DDR-Führung entlang der Sektorengrenze Stacheldrahtverhaue errichten – ein Provisorium, das wenige Tage später durch eine Mauer ersetzt wurde. Doch war der Mauerbau weniger ein Zeichen der Stärke des SED-Regimes als Ausdruck der inneren Schwäche: Der Parteidiktatur war es nicht gelungen, ein für die eigene Bevölkerung attraktives Gesellschaftsmodell mit sozialistischen Vorzeichen umzusetzen und sie für dessen weiteren Aufbau zu gewinnen, im Gegenteil. Die »Abstimmung mit den Füßen« hatte im Zeitraum der Staatsgründung der DDR bis zum Mauerbau zu einer Abwanderung von 2,7 Millionen

DDR-Bürgerinnen und Bürgern in die Bundesrepublik geführt. Der Bau der Berliner Mauer offenbarte die mangelnde Legitimation des sozialistischen Regimes der DDR. Sie wurde zum augenfälligen Symbol der deutschen Teilung wie des Ost-West-Gegensatzes.

Vielleicht wäre Bewegung in diesen Gegensatz gekommen, wenn Alexander Dubček mit seinen Reformen in der ČSSR Erfolg gehabt hätte. Doch die militärische Intervention der Warschauer-Pakt-Staaten schlug den Prager Frühling im August 1968 blutig nieder. In Ost-Berlin hatten viele Menschen in den Reformbemühungen um einen »Sozialismus mit menschlichem Antlitz« einen Hoffnungsschimmer für politische Veränderungen im eigenen Land gesehen. Entsprechend enttäuscht und wütend war man angesichts des Einmarsches der Truppen in das sozialistische Bruderland. Dagegen protestierten vor allem junge Leute auf vielfältige Weise – und wurden dafür verhaftet.

Eine breite Welle des Protestes löste acht Jahre später die Ausbürgerung des regimekritischen Liedermachers und Dichters Wolf Biermann aus, der mit dem reformkommunistischen Dissidenten Robert Havemann befreundet war. Nachdem die Nachrichtenagentur ADN am 16. November 1976 die Ausbürgerung Biermanns gemeldet hatte, veröffentlichten am nächsten Tag Christa Wolf, Jurek Becker, Volker Braun, Franz Fühmann, Stephan Hermlin, Stefan Heym, Sarah Kirsch, Günter Kunert, Heiner Müller u. a. die *Erklärung der Berliner Künstler*: »Wolf Biermann war und ist ein unbequemer Dichter. Das hat er mit vielen Dichtern unserer Vergangenheit gemein. Unser sozialistischer Staat, eingedenk des Wortes aus Marxens ›18. Brumaire‹, demzufolge die proletarische Revolution sich unablässig selbst kritisiere, müsste im Gegensatz zu anachronistischen Gesellschaftsformen eine solche Unbequemlichkeit gelassen nachdenkend ertragen können.« Die Erklärung endet mit den Worten: »Wir protestieren gegen seine Ausbürgerung und bitten darum, die beschlossene Maßnahme zu überdenken.« In der Folge unterzeichneten mehr als 100 weitere Kunstschaffende und hunderte Personen aus der gesamten DDR die Erklärung. Die Ausbürgerung des unliebsamen Regimekritikers durch die Staatspartei rief einen Sturm der Empörung hervor und stellte einen wichtigen Markstein auf dem Weg zur Friedlichen Revolution dar.

Der Liedermacher Stephan Krawczyk bei einem Auftritt während der Friedensdekade 1987 in der Samariterkirche.

Auch nach der Ausbürgerung des für die SED-Führung missliebigen Liedermachers blieb Musik ein wichtiges und ausdrucksstarkes Medium für die Entwicklung der Oppositionsbewegung. Das künstlerische Spektrum reichte von Liedermachern über Blues und Rock bis zum Punk. Von 1979 an wurden in der Samariterkirche unter der Ägide von Pfarrer Rainer Eppelmann Blues-Messen veranstaltet. Da ein reines Blues-Konzert nicht genehmigt worden wäre, hatte man hier eine Mischform von Gottesdienst und Konzert entwickelt, die zusehends mehr junge Leute ansprach, die ansonsten keinen religiösen Bezug hatten. Liedermacher wie Bettina Wegner und Stephan Krawczyk traten – teilweise mit Berufsverbot belegt – ebenfalls unter dem schützenden Dach der evangelischen Kirche auf. Das galt selbst für Punk-Bands. 1987 geriet ein Konzert von *Die Firma* (Ost-Berlin) mit *Element of Crime* (West-Berlin) in der Zionskirche in den medialen Fokus, da die Veranstaltung von rechtsradikalen Skinheads überfallen wurde. Aufgrund der Veröffentlichung des Überfalls durch westliche Medien sah sich die DDR-Führung gezwungen, sich nun mit dem Thema Rechtsradikalismus in der DDR auseinanderzusetzen. Bislang galt die Devise, es gebe im real existierenden Sozialismus keine Neonazis.

Die evangelische Kirche war auch der Ort, wo sich Anfang der 1980er Jahre eine unabhängige Friedensbewegung entwickeln konnte. Viele Akteure dieser Bewegung waren später maßgeblich an der Friedlichen Revolution und am Prozess der Vereinigung beteiligt. Wie die Friedensbewegungen in den westeuropäischen Staaten bildeten sich auch die Friedensinitiativen in der DDR im Kontext der Modernisierung atomarer Mittelstreckenraketen durch die UdSSR und die Aufstellung neuer amerikanischer Nuklearwaffen in Europa im Rahmen des NATO-Doppelbeschlusses vom Dezember 1979. In der Bundesrepublik organisierten daraufhin ehemalige Aktivisten der *Kampf dem Atomtod*-Bewegung der 1950er Jahre wie Martin Niemöller und Helmut Ridder mit Vertretern der gerade entstehenden Friedensbewegung wie Petra Kelly und Gert Bastian in Krefeld im November 1980 ein Treffen mit zahlreichen Vertretern von Friedensinitiativen. Daraus ging der *Krefelder Appell* hervor, der sich an die Bundesregierung richtete, die Zustimmung zur Aufstellung atomarer amerikanischer Mittelstreckenwaffen in Westeuropa zurückzuziehen.

In Ost-Berlin wandten sich Rainer Eppelmann und Robert Havemann im Januar 1982 gleichfalls an ihre Regierung mit der Forderung »Frieden schaffen ohne Waffen«. Ganz Europa müsse, so der *Berliner Appell*, zur atomwaffenfreien Zone werden, weshalb die beiden deutschen Staaten darüber in Verhandlungen treten sollten. Eppelmann wurde nach der Veröffentlichung des *Berliner Appells* kurzzeitig verhaftet. Für Robert Havemann war der friedenspolitische Aufruf die letzte politische Handlung – er verstarb drei Monate später in Grünheide.

Zu Beginn der 1980er Jahre entstanden in der DDR eine Reihe unabhängiger Friedensinitiativen sowie Menschen- und Bürgerrechtsgruppen, in denen sich viele Persönlichkeiten engagierten, die später maßgeblichen Anteil am Gelingen der Friedlichen Revolution haben sollten. In Ost-Berlin initiierten Bärbel Bohley, Katja Havemann und Ulrike Poppe 1982 die Gruppe »Frauen für den Frieden«, 1986 grün-

Die Ost-Berliner Antifa-Gruppe auf der Feier zum 3. Jahrestag der Gründung der Umwelt-Bibliothek im Hof des Gemeindehauses der Zionskirche, September 1989.

deten Bärbel Bohley, Martin Böttger, Werner Fischer, Peter Grimm, Ralf Hirsch, Ulrike und Gerd Poppe, Wolfgang Templin und Reinhard Weißhuhn die »Initiative Frieden und Menschenrechte« (IFM) sowie Thomas Klein, Sylvia Müller, Reinhard Schult und Vera Wollenberger die marxistisch ausgerichtete Gruppe »Gegenstimmen«. Die IFM orientierte sich an der tschechoslowakischen Bürgerrechtsbewegung »Charta 77«, verstand sich als kirchenunabhängige Gruppe, nahm nach dem Fall der Berliner Mauer am zentralen Runden Tisch teil und bildete zusammen mit den Bürgerrechtsbewegungen Neues Forum (NF) und Demokratie Jetzt (DJ) bei den Wahlen zur Volkskammer im März 1990 das Bündnis 90.

Die unabhängigen Friedensinitiativen entwickelten sich parallel mit einer weiteren oppositionellen Basisbewegung: Vor dem Hintergrund der Atomkatastrophe von Tschernobyl gründeten sich in der DDR zahlreiche Umweltinitiativen, die sich für den Schutz des ökologischen Lebensraums einsetzten. So konnten in Ost-Berlin junge Aktivisten in den Kellerräumen des Gemeindehauses der Zionskirche 1986 eine Umwelt-Bibliothek einrichten, die sich zu einem Zentrum des Widerstands entwickeln sollte: In der Umwelt-Bibliothek stand von der DDR-Zensurbehörde indizierte Literatur zur Verfügung, fanden oppositionelle Veranstaltungen statt und wurde die Samisdatzeitschrift *Umweltblätter* hergestellt, die auch über Ost-Berlin hinaus in dissidenten Kreisen Verbreitung fand. Im November 1987 versuchte die Stasi mit der »Aktion Falle« die oppositionellen Aktivitäten in der Umwelt-Bibliothek zu unterbinden – ohne Erfolg.

Innerhalb der evangelischen Kirche kam es um die Durchführung des Kirchentages 1987 im Kontext der 750-Jahrfeier Berlins zum Konflikt mit überwiegend jungen kirchlich engagierten Menschen: Um staatlicherseits Goodwill für den Kirchentag in Ost-Berlin zu erreichen, sagte die Kirchenleitung die Friedenswerkstatt und die Blues-Messen ab, da sie der SED ein Dorn im Auge waren. So führten die Basisgruppen parallel zum offiziellen Kirchentag einen Kirchentag von unten durch, aus dem sich in der Folge die oppositionelle Kirche von Unten (KvU) entwickelte, die zu einem wichtigen politischen Faktor für die Friedliche Revolution werden sollte.

Um sich selbst in eine revolutionäre Traditionslinie zu stellen, ließ die SED alljährlich zum Jahrestag der Ermordung der KPD-Gründer Rosa Luxemburg und Karl Liebknecht eine Demonstration zum Zentralfriedhof Friedrichsfelde veranstalten. 1988 wollte die »Arbeitsgruppe Staatsbürgerschaftsrecht« die offizielle Liebknecht-Luxemburg-Demonstration als Forum nutzen, um auf ihre eigenen Anliegen aufmerksam zu machen: Man verabredete, die Teilnehmer der Veranstaltung an der Wegstrecke der Demonstration mit Zitaten von Rosa Luxemburg auf Transparenten zu irritieren.

Der Liedermacher Stephan Krawczyk, seit 1985 mit Auftrittsverbot belegt, wollte mit einem Transparent »Gegen Berufsverbote in der DDR« protestieren. Doch die Staatsmacht war wachsam: Das Ministerium für Staatssicherheit (MfS) nahm am Rande der propagandistisch inszenierten Liebknecht-Luxemburg-Demonstration etwa 120 Personen fest. MfS-intern wurden diese Maßnahmen als »Aktion Störenfried« bezeichnet. Die Verhaftungen lösten eine Welle von Solidaritätsbekundungen aus. So gaben die KvU, der Arbeitskreis Solidarische Kirche, die Gruppe Gegenstimmen, der Friedenskreis Friedrichsfelde, die Umwelt-Bibliothek, die IFM und Punks von der Erlöserkirche am 19. Januar 1988 eine gemeinsame Erklärung ab. Darin forderten sie die Freilassung der Gefangenen, die Einstellung der Ermittlungsverfahren und die Beendigung repressiver Maßnahmen gegen Bürgerrechtler. Eine Koordinierungsgruppe aus Vertretern der Friedens-, Umwelt- und Menschenrechtsbewegung organisierte tägliche Informationsandachten, an denen hunderte Menschen in zahlreichen Kirchengemeinden teilnahmen. Die Theaterregisseurin Freya Klier, wegen ihres Engagements in der unabhängigen Friedensbewegung mit Berufsverbot belegt, setzte sich mit einer in den Westen geschmuggelten Video-Botschaft für die Freilassung ihres Ehemanns Stephan Krawczyk ein, deren Textversion auch über die aus West-Berlin ausgestrahlte Sendung *Radio Glasnost* verbreitet wurde. Wenige Tage später wurden Freya Klier, Bärbel Bohley, Werner Fischer, Ralf Hirsch sowie Regina Lotte und Wolfgang Templin verhaftet. Gegen sie wurde wegen Landesverrat ermittelt. Doch lösten diese erneuten Verhaftungen landesweit Solidaritätsveranstaltungen aus. Auch auf der westlichen Seite von Checkpoint Charlie führten Aktivisten der Initiative Freiheit für Andersdenkende für die Inhaftierten am 31. Januar 1988 eine Mahnwache durch. Unter der Androhung hoher Haftstrafen unterschrieben die engagierten Bürgerrechtler Bärbel Bohley, Werner Fischer, Ralf Hirsch, Freya Klier, Stephan Krawczyk sowie Regina und Wolfgang Templin schließlich Ausreiseanträge. Damit hatten die DDR-Behörden der Oppositionsbewegung einen empfindlichen Schlag versetzt. Das MfS registrierte noch bis Anfang Dezember 1989 landesweit oppositionelle Handlungen unter dem Decknamen »Aktion Störenfried«.

Am 7. Mai 1989 fanden in der gesamten DDR die Wahlen der kommunalen Vertreter statt. Dass die turnusgemäß alle fünf Jahre durchgeführten Kommunalwahlen und die Wahlen zur Volkskammer rechtsstaatlich-demokratischen Maßstäben nicht genügten, war zwar in der Bürgerrechtsbewegung unumstritten, konnte aber der SED-Führung bislang nicht nachgewiesen werden. Auf Initiative von Angehörigen des Weißenseer Friedenskreises nahmen nun bei den Kommunalwahlen vom 7. Mai Anhänger zahlreicher oppositioneller Gruppierungen ihr durch das Wahlgesetz der DDR verbrieftes Recht auf Wahlbeobachtung wahr. So konnten die Bürgerrechtler in Ost-Berlin erstmals den systematischen Wahlbetrug der SED nachweisen. Die Ergebnisse der Wahlfälschungen wurden landesweit gesammelt, dokumentiert und verbreitet. Durch diese Aktivitäten vernetzten sich die oppositionellen Gruppen stärker und arbeiteten künftig koordiniert zusammen. In Ost-Berlin organisierten Evelyn Zupke, Frank Ebert und andere Engagierte nun an jedem siebten des Monats eine Demonstration gegen den Wahlbetrug durch die DDR-Führung auf dem Alexanderplatz.

Im Spätsommer des Jahres 1989 gingen die Aktivisten der verschiedenen Menschen- und Bürgerrechtsinitiativen, der KvU, der Friedens- und Umweltbewegung etc. dazu über, sich in Bürgerbewegungen zu organisieren, die den Verlauf der Friedlichen Revolution im Herbst wesentlich prägen sollten: Im September gaben in kurzem zeitlichen Abstand das Neue Forum (NF), Demokratie Jetzt (DJ) und der Demokratische Aufbruch (DA) ihre Gründung bekannt. Die Oppositionsbewegung verfügte nun über Foren, die nicht lokal begrenzt, sondern im gesamten Land vernetzt und aktiv waren. Dadurch erfuhr das demokratische Aufbegehren im Land eine neue Dynamik.

Zu diesem Elan der oppositionellen Kräfte trugen maßgeblich auch Künstler und Intellektuelle bei. So erarbeiteten etwa im Jugendclub Maxim Gorki landesweit bekannte Rockmusiker und Liedermacher eine Resolution zur Unterstützung des Gründungsaufrufs des NF, die in der Folgezeit bei Auftritten vor großem Publikum auf der Bühne von Musikern verlesen wurde. Die Theater des Landes boten vielfach ein Forum zur Artikulation des Protestes, wie beispielsweise als Ulrich Mühe im Deutschen Theater am 28. Oktober 1989 aus Walter Jankas Abrechnung mit dem Stalinismus der 1950er Jahre vortrug. Am selben Abend führten Kulturschaffende in der Erlöserkirche unter dem Leitsatz »Wider den Schlaf der Vernunft« eine fünfstündige Manifestation »Gegen Gewalt – für Demokratie« durch, die von tausenden Menschen besucht wurde. Die Protestveranstaltung thematisierte insbesondere auch die Verhaftungen und Übergriffe durch Sicherheitskräfte am

Die Initiative Freiheit für Andersdenkende führt am 31. Januar 1988 am Berliner Grenzübergang Checkpoint Charlie eine Mahnwache durch.

7. und 8. Oktober. Diese waren noch am Abend nach den Feierlichkeiten zum 40. Gründungsjubiläums der DDR, denen auch der Generalsekretär des ZK der KPdSU Michail Gorbatschow beigewohnt hatte, unter massiver Gewaltanwendung gegen Demonstranten vorgegangen.

Theaterschaffende waren es auch, die zu einer »Demonstration gegen Gewalt und für verfassungsmäßige Rechte« am 4. November aufriefen. So konnten etwa 300.000 Demonstranten auf dem Alexanderplatz und Millionen vor den Fernsehgeräten den Beiträgen von Schriftstellern, Schauspielern, Bürgerrechtlern u. a. folgen, die sich für weitgehende Reformen von Politik, Wirtschaft und Gesellschaft in der DDR einsetzten. Doch trotz der zunehmenden Stärke der Oppositionsbewegung im gesamten Land rechnete kaum jemand damit, dass nur wenige Tage später die Berliner Mauer fallen und damit das Ende der Parteidiktatur eingeläutet werden würde: Am 9. November 1989 gegen 19 Uhr führte Günter Schabowski bei einer Pressekonferenz zu neuen

Großdemonstration am 4. November 1989 durch Ost-Berlin.

Bestimmungen der Reiseverordnung aus, dass nun »ständige Ausreisen« uber »alle Grenzübergangsstellen der DDR zur BRD erfolgen« könnten. Auf die Nachfrage eines Journalisten, ab wann dies gelte, erklärte das Politbüro-Mitglied: »Das tritt nach meiner Kenntnis ... ist das sofort, unverzüglich.« Die westlichen Medien interpretierten diese Formulierung als Ankündigung zur »Grenzöffnung«, woraufhin viele Ost-Berliner, aber auch West-Berliner zu den innerstädtischen Kontrollpunkten gingen, wo tatsächlich im Verlauf der Nacht die Schlagbäume geöffnet wurden. Die Bilder von abertausenden Berlinern, die ausgelassen den Fall der Mauer feierten, gingen um die Welt. Mit der Friedlichen Revolution war eine neue Ära angebrochen, in Deutschland und in Europa.

In den folgenden Monaten wurden die Grundlagen für die deutsche Einigung durch vielfältige politische Aktivitäten in der DDR und in der Bundesrepublik sowie auf internationaler Ebene bei den Zwei-plus-Vier-Verhandlungen der beiden deutschen Staaten mit den einstigen Alliierten des Zweiten Weltkriegs geschaffen. Für den friedlichen Reformprozess in der DDR wurden auf Initiative von DJ ab Anfang Dezember 1989 die Verhandlungen des zentralen Runden Tisches in Ost-Berlin sowie einer Vielzahl weiterer Runder Tische auf Bezirks- und kommunaler Ebene maßgeblich. Hier verhandelten Vertreter der Bürgerbewegung mit den bisherigen Machthabern über die politische Transformation der einstigen Parteidiktatur zu einer parlamentarischen Demokratie.

Bereits bei der ersten Sitzung des zentralen Runden Tisches wurde deshalb die Durchführung freier Wahlen zur Volkskammer beschlossen, die am 18. März 1990 stattfanden. Nachdem die Alliierten ihr prinzipielles Einverständnis für die Vereinigung der beiden deutschen Staaten gegeben hatten, konnte nach intensiven Verhandlungen zwischen Vertretern der DDR und der BRD am 31. August 1990 im Kronprinzenpalais der Einigungsvertrag unterzeichnet werden. Bevor jedoch am 3. Oktober 1990 die Wiedervereinigung der beiden deutschen Staaten gefeiert wurde, sorgte der im Einigungsvertrag vorgesehene eingeschränkte Umgang mit den Unterlagen der Stasi bei der Bürgerrechtsbewegung für Empörung, weshalb man am 4. September die Stasi-Zentrale besetzte. Die Protestaktion hatte Erfolg, denn Joachim Gauck konnte einen Zusatz zum Einigungsvertrag aushandeln, worin geregelt wurde, dass eine eigene Bundesbehörde künftig die Stasi-Akten verwalten sollte. Damit war der Grundstein für eine adäquate Auseinandersetzung mit der Zeit der Parteidiktatur der SED gelegt.

SCHAUPLÄTZE DER FRIEDLICHEN REVOLUTION

»WIR FORDERN FREIE UND GEHEIME WAHLEN!«

HAUS DER MINISTERIEN

Der Volksaufstand vom 17. Juni 1953 setzte ein weltweit sichtbares Zeichen für den Unmut der Bevölkerung über die Lebensumstände im real existierenden Sozialismus der DDR. Dem Aufstand vorausgegangen war eine allgemeine Erhöhung der Arbeitsnorm für Industriebetriebe und die Bauwirtschaft zum 1. Juni um zehn Prozent. Doch bei den Bauarbeitern der Großbaustellen am Krankenhaus Friedrichshain und in der Stalinallee regte sich schnell Widerstand: Nachdem die Forderung der Arbeiter, die Normerhöhungen zurückzunehmen, unbeantwortet blieb, demonstrierten am 16. Juni Bauarbeiter in der Stalinallee für die »Senkung der Normen«. Der Demonstrationszug wuchs rasch an und marschierte zum Haus der Ministerien, wo sich am frühen Nachmittag über 10.000 Menschen versammelten.

Inzwischen hatte das SED-Politbüro die Rücknahme der Normerhöhungen bekanntgegeben. Doch die DDR-Führung wurde nun von den Ereignissen auf der Straße überrollt: Als Minister Fritz Selbmann die Protestierenden vor dem Haus der Ministerien zu beruhigen suchte, wurde er von ihnen beiseitegeschoben. Ein Arbeiter erklärte unter viel Beifall: »Unsere Demonstration richtet sich nicht nur gegen die Normen. Wir fordern freie und geheime Wahlen!«

Am nächsten Tag, dem 17. Juni, entwickelte sich die anfängliche Streikbewegung gegen die Normerhöhungen zum Volksaufstand gegen das SED-Regime. Vom frühen Morgen an bildeten sich in allen Ost-Berliner Bezirken gewaltige Demonstrationszüge in Richtung Innenstadt: Vor dem Haus der Ministerien, am Brandenburger Tor, auf dem Marx-Engels-Platz, in der Friedrichstraße – überall demonstrierten Massen von Menschen und lieferten sich Auseinandersetzungen mit

Arbeiter demonstrieren am 17. Juni 1953 vor dem Haus der Ministerien.

der Polizei. Die SED-Führungsriege war inzwischen zur sowjetischen Schutzmacht nach Karlshorst evakuiert worden. Gegen Mittag rollten die ersten sowjetischen Panzer. Erst durch den massiven Einsatz der sowjetischen Armee konnte der Aufstand schließlich niedergeschlagen werden.

Heute befindet sich am Platz des Volksaufstandes von 1953 vor dem einstigen Haus der Ministerien ein Bodendenkmal von Wolfgang Rüppel. Es besteht aus einem vergrößerten Foto von untergehakten Arbeitern, die den Demonstrationszug vom 16. Juni 1953 anführten. Das Foto kann als Kommentar zu dem an der Hauswand befindlichen Keramikwandbild von Max Lingner von 1953 gelesen werden. Dort schreiten Arbeiter, Bauern und Techniker geeint in die strahlende Zukunft des Sozialismus.

Haus der Ministerien / Bundesministerium der Finanzen
Platz des Volksaufstandes von 1953, Leipziger Straße 124, 10117 Berlin

»ANTIFASCHISTISCHER SCHUTZWALL«

BERLINER MAUER

Die Berliner erwartete am Sonntag, dem 13. August 1961, eine unwirklich erscheinende Szenerie: Seit dem frühen Morgen waren mehr als 10.000 DDR-Volks- und Grenzpolizisten sowie Mitglieder der paramilitärischen Kampfgruppen (KG) damit beschäftigt, entlang der Sektorengrenze das Straßenpflaster aufzureißen und Stacheldrahtverhaue zu ziehen. S- und U-Bahnlinien zwischen den drei Westsektoren und dem Ostsektor der Stadt waren unterbrochen. Die Stadt war geteilt.

In der Nacht zum 13. August hatte Walter Ulbricht den Befehl zur Abriegelung des Ostsektors erteilt und mit dessen Umsetzung Erich Honecker beauftragt. Seit der Gründung der DDR zeigte sich die Unzufriedenheit der Bevölkerung im sozialistischen Teil Deutschlands nicht zuletzt an der eklatant hohen Zahl von »Republikflüchtlingen«. Als Ultima Ratio gegen den weiteren Bevölkerungsverlust erschien dem DDR-Regime nun der Bau der Berliner Mauer und die Abriegelung der Westgrenze zur Bundesrepublik. Der SED-Führung war es zuvor auf der Gipfelkonferenz der Warschauer-Pakt-Staaten in Moskau gelungen, die anwesenden verbündeten KP-Chefs zur Einwilligung zum Mauerbau zu bewegen. Die offizielle Lesart der Abriegelung West-Berlins sowie der Sperrung der Grenzanlagen zur Bundesrepublik erklärte die Berliner Mauer zum »antifaschistischen Schutzwall«.

Die Berliner Bevölkerung in Ost und West nahm die Teilung der Stadt mit fassungsloser Ohnmacht und Wut wahr. Auf einer Massendemonstration von 300.000 West-Berlinern vor dem Schöneberger Rathaus forderte Willy Brandt, seit 1957 Regierender Bürgermeister von Berlin, von den westlichen Alliierten energische Schritte: »Wir fürchten uns nicht. Ich habe heute dem Präsidenten der USA, John F. Kenne-

Bau eines militärischen Sperrsystems bei der Abriegelung der Sektorengrenze zwischen Ost- und West-Berlin ab dem 13. August 1961.

dy, in einem persönlichen Brief in aller Offenheit meine und, wie ich glaube, unsere Meinung gesagt. Berlin erwartet mehr als Worte, Berlin erwartet politische Aktionen.« Doch die westlichen Alliierten nahmen den Bau der Mauer reaktionslos hin.

Die hastig errichteten Stacheldrahtverhaue entlang der Sektorengrenze waren nur ein Provisorium. In der Nacht vom 17. auf den 18. August 1961 begannen von Volks- und Grenzpolizisten beschützte und beaufsichtigte Bautrupps damit, eine Mauer durch die Stadt zu errichten. Knapp eine Woche später wurde Günter Litfin das erste Opfer nach dem Bau der Mauer: Er wurde bei dem Versuch, vom Ost- in den Westsektor zu gelangen, im Wasser des Humboldthafens erschossen.

Gedenkstätte Berliner Mauer, Bernauer Straße 111, 13355 Berlin

»DIALEKTIK OHNE DOGMA?«
EMIL-FISCHER-HÖRSAAL, HUMBOLDT-UNIVERSITÄT

Im Wintersemester 1963/64 fand an der Humboldt-Universität eine Vorlesung statt, die Hörer aus der gesamten DDR wie auch aus West-Berlin anlockte: Robert Havemann hielt seine Vorlesungsreihe »Naturwissenschaftliche Aspekte philosophischer Probleme«. Ort der Veranstaltung war ein Hörsaal in der Hessischen Straße, der nach dem Gründer des Chemischen Instituts der Friedrich-Wilhelms-Universität und Nobelpreisträger für Chemie, Emil Fischer, benannt ist. Havemanns Vorlesung wurde regelmäßig von über 1.000 Studenten besucht, die auch die Skripte zur Vorlesung vervielfältigten und verbreiteten. Der Ordinarius für Physikalische Chemie hatte bereits eine bewegte Vita hinter sich: Nach dem Studium der Chemie in München und Promotion in Berlin war er nach der Machtübernahme durch die Nationalsozialisten bei den Widerstandsgruppen *Neu Beginnen* und *Europäische Union* aktiv gewesen, verhaftet und zum Tode verurteilt worden und hatte – wie Erich Honecker – bis Kriegsende im Zuchthaus Brandenburg-Görden gesessen.

Der besondere Reiz, der von Havemanns Vorlesungsreihe ausging, bestand in seinen philosophischen Überlegungen, etwa zum Verhältnis von »Freiheit und Notwendigkeit« in der sozialistischen Gesellschaft. So erklärte er in seiner Vorlesung am 6. Dezember 1963: »Wir wollen eine Welt schaffen, in der allen Menschen immer mehr Möglichkeiten offenstehen, so dass jeder ganz nach seinem individuellen Streben handeln kann, nicht beschnitten und eingeengt durch Anordnungen, Befehle und ›Grundsätze‹.«

Mit derlei Äußerungen wurde Robert Havemann – seit 1951 Mitglied der SED, Direktor des Instituts für Physikalische Chemie an der Humboldt-Universität und Träger des Nationalpreises der DDR (1959) – zum

Robert Havemann (links) während seiner letzten Vorlesung an der Humboldt-Universität. In der ersten Reihe rechts Wolf Biermann.

Staatsfeind: In der Folge seiner Vorlesungsreihe wurde er aus der SED sowie der Akademie der Wissenschaften der DDR ausgeschlossen und als Hochschullehrer entlassen. Havemanns Äußerungen wurden indes landesweit bekannt. Der westdeutsche Rowohlt-Verlag veröffentlichte seine Vorlesungen als Taschenbuch unter dem Titel *Dialektik ohne Dogma?* Der in der DDR verbotene Band zirkulierte fortan unter der Hand. Havemann engagierte sich über westliche Medien weiterhin als politischer Publizist. Um ihn und seinen engen Freund Wolf Biermann entstand ein Kreis von Dissidenten. Nach Biermanns Ausbürgerung im November 1976 stellten die DDR-Behörden Havemann bis Mai 1979 unter Hausarrest. Heute ist nach ihm die Robert-Havemann-Gesellschaft benannt, die das umfangreichste Archiv der DDR-Opposition betreut.

Emil-Fischer-Hörsaal, Humboldt Universität,
Hessische Straße 2, 10115 Berlin

»ES WAR HALT EINFACH EIN LEBENSGEFÜHL«

STAATSBIBLIOTHEK

Die sozialistischen Reformbemühungen in der Tschechoslowakei ließen viele Menschen in der DDR hoffen, dass auch in ihrem Land politische Veränderungen möglich würden. Durch Reisen nach Prag konnten junge Leute ein durch den Prager Frühling bestimmtes Lebensgefühl erfahren. So schildert Toni Krahl, später Sänger der Band *City*: »Als es losging, waren wir, ein paar Freunde und ich, mehrere Male da und bemerkten, dass Prag offener wurde. Es herrschte eine andere Atmosphäre und erst recht im Vergleich zu Ost-Berlin. Dadurch, dass man in Prag schon Leute getroffen hatte aus aller Herrgott Länder, aus Polen oder Portugal – und alle sahen sie aus wie ich selber! Wir hatten ja so eine Art Uniform: Jeans, lange Haare als Parteiabzeichen und unterschieden uns nur in dem, von wo wir kamen. Es gab Schallplatten zu kaufen von den Beatles, von Pink Floyd, den Stones, Bob Dylan. Es gab Zeitschriften an den Kiosken, von denen wir in der DDR geträumt hatten. Und wenn wir dann zurückkamen, fühlten wir uns immer wie in einem grauen Kasten, wo keiner muckt, wo das Bunte fehlt, das bunte Leben. In Prag war ja auch nicht mehr los. Die Stadt war heruntergekommen, sah nicht schöner aus ... es war halt einfach ein Lebensgefühl.«

Doch der militärische Einmarsch der Warschauer-Pakt-Staaten am 21. August 1968 in die ČSSR zerschlug alle Hoffnungen auf einen »Sozialismus mit menschlichem Antlitz« – und war für einige meist junge Leute in Ost-Berlin Anlass zum politischen Handeln. Viele der Aktivisten stammten aus Elternhäusern, die der DDR-Nomenklatura angehörten, oder aus Familien von Intellektuellen, die dem Regime kritisch gegenüberstanden. So pinselten etwa Frank Havemann, Sohn

Übermalter Schriftzug »DUBČEK!« am Eingang der Staatsbibliothek in der Dorotheenstraße mit Gedenkstele.

des Oppositionellen Robert Havemann, und Hans Uszkoreit, Sohn des Hauptabteilungsleiters für Musik im Ministerium für Kultur Hans-Georg Uszkoreit, an mehrere Wände »DUBČEK!«. Eine übermalte Stelle von der Aktion samt Informationsstele findet sich noch am Eingang zur Staatsbibliothek. Thomas Brasch, Sohn des stellvertretenden Ministers für Kultur Horst Brasch, schrieb zusammen mit Erika Berthold, Sanda und Vladimir Weigl, Rosita Hunzinger und Juliana Grigorowa Parolen wie »Hände weg vom roten Prag!« und »Ein Dubček für die DDR!« auf Zettel, die sie heimlich verteilten. Und Toni Krahl, dessen Vater beim *Neuen Deutschland* in der Abteilung Außenpolitik arbeitete, organisierte mit Freunden eine Schweigedemonstration vor der Sowjetischen Botschaft. Viele der Akteure wurden festgenommen und nach § 106 wegen »staatsfeindlicher Hetze« angeklagt.

Staatsbibliothek zu Berlin, Dorotheenstraße 27, 10117 Berlin

»BALLADE VOM PREUSSISCHEN IKARUS«

WEIDENDAMMER BRÜCKE

Wolf Biermann gab der Opposition in der DDR seit Mitte der 1960er Jahre eine lyrische Stimme: Der Liedermacher, der als 16-Jähriger von Hamburg in die DDR übersiedelte, an der Humboldt-Universität Mathematik und Philosophie (bei Wolfgang Heise) studierte, von Hanns Eisler gefördert wurde und an Robert Havemanns Ringvorlesung von 1963/64 teilnahm, betätigte sich seit 1963 als freischaffender Künstler. Biermann sah sich selbst als Kommunist, Marxist und Antifaschist – und eckte gleichwohl bei den Machthabern in der DDR an. Auf dem 11. Plenum des ZK im Dezember 1965, dem sogenannten Kahlschlag-Plenum, gab Walter Ulbricht die Richtung für den Umgang mit missliebigen Künstlern vor: »Wir haben nur keine Freiheiten für Verrückte, sonst haben wir absolute Freiheiten überall.« Wolf Biermann, der bereits im Westen veröffentlicht hatte, wurde mit Auftritts- und Publikationsverbot belegt.

Die innere Zerrissenheit des Künstlers, der sich nach wie vor als Kommunist verstand, zugleich mit den realen politisch-gesellschaftlichen Verhältnissen in der DDR heftig haderte und dennoch das Land nicht verlassen wollte, kommt in seiner *Ballade vom preußischen Ikarus* von 1976 zum Ausdruck:

> *Da, wo die Friedrichstraße sacht | den Schritt über das Wasser macht*
> *da hängt über der Spree | die Weidendammer Brücke. Schön*
> *kannst du da Preußens Adler sehn | wenn ich am Geländer steh*
> *dann steht da der preußische Ikarus | mit grauen Flügeln aus Eisenguß*
> *dem tun seine Arme so weh | er fliegt nicht weg – er stürzt nicht ab*
> *macht keinen Wind – und macht nicht schlapp | am Geländer über der Spree.*

Wolf Biermann auf der Weidendammer Brücke.

Im Herbst 1976 kam Wolf Biermann auf eine von den DDR-Behörden genehmigte Tournee in die Bundesrepublik. Auf Einladung der IG Metall fand das erste Konzert am 13. November in der ausverkauften Kölner Sporthalle vor 6.500 Zuschauern statt. Unter dem Motto *Ich möchte am liebsten weg sein – und bleibe am liebsten hier* wurde der Liederabend vom WDR-Hörfunk live übertragen. Dieses Konzert bot dem Politbüro den willkommenen Anlass, den Regimekritiker drei Tage später auszubürgern. Es folgten heftige Proteste im In- und Ausland. Die Ausbürgerung Biermanns wurde zu einem Fanal für die Entwicklung der Oppositionsbewegung in der DDR.

Wolf Biermann hat zahlreiche Ehrungen und Auszeichnungen erhalten, darunter 1991 den Georg-Büchner-Preis. Er wohnt seit seiner Ausbürgerung wieder in seiner Heimatstadt Hamburg. 2007 wurde Biermann zum Berliner Ehrenbürger ernannt.

Weidendammer Brücke, 10117 Berlin

»LEUTE OHNE RÜCKGRAT HAB'N WIR SCHON ZUVIEL«

KÜNSTLERHAUS BETHANIEN

Ihre Musik brachte ein unangepasstes Lebensgefühl zum Ausdruck, das viele junge Leute in Ost und West teilten, und ihre Lieder verbanden das Private mit dem Politischen: Bettina Wegner. Eigentlich wollte die Tochter von Karl-Heinz Wegner, dem Chefredakteur der *Freien Welt*, der von der Gesellschaft für Deutsch-Sowjetische Freundschaft (DSF) herausgegebenen Auslandsillustrierten der DDR, Schauspielerin werden. Doch die Niederschlagung des Prager Frühlings durch Truppen der Warschauer Pakt-Staaten empörte die damals 18-Jährige zutiefst, hatte sie doch vor dem Hintergrund der Reformen in der ČSSR auch auf politische Veränderungen in der DDR gehofft. Nun protestierte Bettina Wegner angesichts der »Ungeheuerlichkeit« der Intervention von »Bruderländern« in der ČSSR, indem die junge Sozialistin handschriftlich Flugblätter verfasste, auf denen »Hände weg von Prag!«, »Stalin lebt« oder »Hoch Dubček« zu lesen war. Nach der Verteilung der Flugblätter wurde sie verhaftet. Als Strafe musste sich die junge Mutter einenhalb Jahre bei einer Rummelsburger Relaisfabrik »in der Produktion bewähren«. In der Schauspielschule erhielt sie Hausverbot.

So wurde Bettina Wegner freiberufliche Sängerin, deren Konzerte zu Beginn der 1970er Jahre eine ständig steigende Zahl von Besuchern anzogen. Mit der Ausbürgerung Wolf Biermanns änderte sich jedoch ihr Karriereverlauf: Wie viele andere Künstler und Intellektuelle hatte auch Bettina Wegner gegen die Maßnahme der DDR-Behörden protestiert. In der Folge durfte die Liedermacherin nur noch in Kirchen auftreten. Ein Tagesvisum für West-Berlin im Juni 1978 verschaffte ihr jedoch eine ganz neue Möglichkeit, ihre Musik zu verbreiten: Wolf Biermann hatte Bettina Wegner für die Internationalen Literaturtage

Bettina Wegner in ihrer Berliner Wohnung, 1979.

empfohlen, sodass sie im Künstlerhaus Bethanien auftreten konnte. Das Konzert wurde vom RIAS aufgezeichnet und der Mitschnitt zu Wegners Debütalbum, das von CBS in der Bundesrepublik veröffentlicht wurde (*Sind so kleine Hände*) war ein durchschlagender Erfolg. Zusätzlich sorgte Joan Baez dafür, dass das Lied *Kinder* auch einem internationalen Publikum bekannt wurde, indem sie es bei ihren eigenen Auftritten auf Deutsch vortrug. Bettina Wegner brachte in diesem Lied ihre Kritik an der konventionellen Erziehung von Kindern zum Ausdruck, die schon gleich nach der Geburt abgerichtet würden:

Sind so kleine Hände | winzge Finger dran.
Darf man nie drauf schlagen | die zerbrechen dann.
Grade, klare Menschen | wärn ein schönes Ziel.
Leute ohne Rückgrat | hab'n wir schon zuviel.

Künstlerhaus Bethanien, Mariannenplatz, 10997 Berlin

»ZUR STRATEGIE EINER KOMMUNISTISCHEN ALTERNATIVE«

AUDITORIUM MAXIMUM DER TU BERLIN

Im November 1978 fand in West-Berlin eine Großveranstaltung statt, bei der unterschiedliche Strömungen der Linken aus ganz Europa zusammenkamen, um gegen ein Justizverfahren in der DDR Stellung zu beziehen: Die Verhaftung und Verurteilung von Rudolf Bahro. Wie Wolf Biermann hatte auch Bahro an der Humboldt-Universität bei Wolfgang Heise Philosophie studiert. Während des Volksaufstandes in Ungarn 1956 protestierte er – obgleich SED-Mitglied – gegen die Politik der Desinformation vonseiten der DDR-Regierung über die Geschehnisse in Ungarn und im August 1968 gegen den Einmarsch der Warschauer Pakt-Truppen in der ČSSR. Neben seiner Tätigkeit als Abteilungsleiter für Arbeitsorganisation im VEB Gummikombinat in Berlin-Weißensee arbeitete Bahro an Überlegungen zur »Anatomie des real existierenden Sozialismus« und »zur Strategie einer kommunistischen Alternative«. Daraus entstand ein Buch, das freilich nicht in der DDR, aber in der Bundesrepublik unter dem Titel *Die Alternative* erschien, in kurzer Zeit zum Bestseller avancierte und in mehrere Sprachen übersetzt wurde.

Nachdem *Der Spiegel* am 22. August 1977 vorab Auszüge aus *Die Alternative* und ein Interview mit Rudolf Bahro veröffentlicht hatte, verhaftete die Stasi tags darauf den unliebsamen Dissidenten. Im anschließenden Prozess, bei dem Bahro vom Anwalt Gregor Gysi verteidigt wurde, erfolgte die Verurteilung am 30. Juni 1978 zu acht Jahren Haft – nicht wegen seiner Kritik am real existierenden Sozialismus in der DDR, sondern aufgrund »landesverräterischer Sammlung von Nachrichten« und »Geheimnisverrats«.

Die Verurteilung des reformkommunistischen Dissidenten löste international eine Welle der Empörung aus. Breite politische Öffent-

Zuhörerschaft während des Internationalen Kongresses für die Freilassung von Rudolf Bahro an der TU Berlin.

lichkeit fand diese Kritik beim Internationalen Kongress, der vom Komitee für die Freilassung Rudolf Bahros vom 16. bis 19. November 1978 im Auditorium maximum der TU Berlin veranstaltet wurde. An der Veranstaltung nahmen mehr als 10.000 Personen teil, darunter westdeutsche Linke wie Elmar Altvater, Oskar Negt und Gerhard Schröder, Ausgebürgerte und Emigranten der DDR wie Wolf Biermann, Heinz Brandt und Rudi Dutschke sowie Protagonisten des Prager Frühlings wie Zdeněk Mlynář und Jiří Pelikán. Der internationale Protest trug mit dazu bei, dass Rudolf Bahro anlässlich des 30. Jahrestages der DDR-Gründung im Oktober 1979 amnestiert wurde und in die Bundesrepublik übersiedeln konnte. Dort engagierte er sich im Gründungsprozess der Partei DIE GRÜNEN. Rudolf Bahro verstarb am 5. Dezember 1997. Er ist auf dem Dorotheenstädtischen Friedhof beigesetzt.

Technische Universität Berlin, Straße des 17. Juni 135, 10623 Berlin

»BLUES-MESSEN«
SAMARITERKIRCHE

Die Samariterkirche in Friedrichshain wurde ab Ende der 1970er Jahre zu einem zentralen Ort der aufkeimenden Oppositionsbewegung in Ost-Berlin. Hier wirkte Rainer Eppelmann als Pfarrer der Samaritergemeinde und als Kreisjugendpfarrer in Friedrichshain. Im Frühsommer 1979 wurde er von dem Bluesmusiker Günter Holwas angesprochen, der auf der Suche nach Räumlichkeiten für ein Blues-Konzert war. Sie vereinbarten ein Benefizkonzert für ein kirchliches Kinderheim, das am 1. Juni 1979 mit einem Jugendgottesdienst in der Samariterkirche stattfand. Die Veranstaltung wurde ein durchschlagender Erfolg: Die Blues-Messe war aus der Taufe gehoben und entwickelte sich bis 1986 zu einer Institution der Renitenz gegen die DDR-Obrigkeit.

Das meist jugendliche Publikum der Blues-Messen in der Samariterkirche gehörte der Szene der Blueser an – junge Leute, die sich nicht von der offiziellen DDR-Kulturpolitik vereinnahmen lassen wollten und einen unkonventionellen Lebensstil vorzogen. Den kulturellen Rahmen für diese emanzipatorische Lebensart boten die Musik, Bücher, Theaterstücke und Filme, die auch in westlichen Staaten die aufsässige Jugend vor und nach 1968 prägten: Hermann Hesses *Steppenwolf*, J. D. Salingers *Fänger im Roggen*, Jack Kerouacs *Unterwegs*, Ken Keseys *Einer flog über das Kuckucksnest* oder Ulrich Plenzdorfs *Die neuen Leiden des jungen W.* und die Platten von Bob Dylan, Crosby, Stills, Nash & Young oder John Lennon. Für die jugendlichen Besucher der Blues-Messen war nicht nur die dort gespielte Musik interessant. Bei den Veranstaltungen kamen auch Themen zur Sprache, die sie politisch umtrieben wie Ökologie, Wehrpflicht und die Friedensbewegung in Ost und West. Die Blues-Messen wurden zu einem Magneten, der

Günter Holwas und Stefan Diestelmann auf der Blues-Messe am 4. Juli 1980.

schließlich bis zu 7.000 Besucher anzog, sodass man auch auf die Erlöserkirche in Rummelsburg und die Friedrichshainer Auferstehungskirche ausweichen musste.

Doch nicht nur der DDR-Führung, die die Veranstaltungen stets von der Stasi beobachten ließ, waren die Blues-Messen ein Dorn im Auge. Auch die Kirchen-Oberen waren von der Präsenz der nicht konformen jungen Leute, die oftmals keinen Bezug zur Kirche hatten, wenig angetan. 1986 fand die letzte Blues-Messe statt: Der Bund der Evangelischen Kirchen in der DDR bestand auf der Aussetzung der widerständigen Veranstaltungsreihe, da er die Durchführung des Evangelischen Kirchentages 1987 in Berlin vor dem Hintergrund der 750-Jahrfeier der Stadt nicht gefährden wollte.

Samariterkirche, Samariterstraße, 10247 Berlin

»FRIEDEN SCHAFFEN OHNE WAFFEN«

GEMEINDESAAL DER SAMARITERKIRCHE

Das nukleare Wettrüsten beiderseits des Eisernen Vorhangs löste Anfang der 1980er Jahre bei vielen Menschen in West und Ost die Furcht vor einem Atomkrieg aus. Als Reaktion auf die Stationierung moderner SS-20-Mittelstreckenraketen durch die Sowjetunion kündigte die NATO an, ebenfalls amerikanische Pershing-II-Raketen in Europa zu stationieren. Dagegen entwickelte sich Widerstand in der Bevölkerung der betroffenen NATO-Staaten. In der Bundesrepublik riefen Aktivisten der Friedensbewegung in ihrem *Krefelder Appell* die Bundesregierung im November 1980 dazu auf, »die Zustimmung zur Stationierung von Pershing-II-Raketen und Marschflugkörpern in Mitteleuropa zurückzuziehen«. In der Folgezeit wurde der *Krefelder Appell* von mehreren Millionen Menschen unterzeichnet.

In Ost-Berlin wollte der evangelische Pfarrer Rainer Eppelmann gleichfalls etwas für den Frieden tun und tat sich dazu mit dem Kommunisten Robert Havemann zusammen: Gemeinsam formulierten sie den *Berliner Appell*, der sich an die Regierung der DDR richtete. Unter dem Titel »Frieden schaffen ohne Waffen« heißt es darin angesichts der Gefahren eines Atomkrieges: »Wenn wir leben wollen, fort mit den Waffen! Und als erstes: Fort mit den Atomwaffen! Ganz Europa muss zur atomwaffenfreien Zone werden. Wir schlagen vor: Verhandlungen zwischen den Regierungen der beiden deutschen Staaten über die Entfernung aller Atomwaffen aus Deutschland.« Öffentlichkeit und Regierung der DDR sollten darüber beraten, »auf Produktion, Verkauf und Einfuhr von sogenanntem Kriegsspielzeug« zu verzichten, »anstelle des Wehrkundeunterrichts an unseren Schulen einen Unterricht über Fragen des Friedens« einzuführen und »anstelle des jetzigen Wehr-

Pfarrer Rainer Eppelmann (dritter von links) und die Mitglieder des Kirchenrats der Samaritergemeinde.

ersatzdienstes für Kriegsdienstverweigerer auch einen sozialen Friedensdienst« zuzulassen.

Rainer Eppelmann unternahm anfangs den Versuch, den *Berliner Appell* innerhalb der evangelischen Kirche zu veröffentlichen. Doch der Sekretär des Bundes der evangelischen Kirchen in der DDR, Manfred Stolpe, lehnte dies mit der Begründung ab, die Kirche wolle keine politische Opposition sein. Deshalb verbreitete Eppelmann den Text zunächst im Anschluss an seinen Gottesdienst im Januar 1982 im Gemeindehaus der Samariterkirche beim Kaffee. Anfang Februar veröffentlichte dann die *Frankfurter Rundschau* den *Berliner Appell*, der einen wichtigen Anstoß zur Herausbildung der unabhängigen Friedensbewegung in der DDR gab.

Gemeindehaus der Samariterkirche, Samariterstraße 27, 10247 Berlin

»NUR EINE ATOMWAFFEN-FREIE DDR IST EIN BEITRAG ZU EINEM ATOMWAFFENFREIEN EUROPA«

AUFERSTEHUNGSKIRCHE

In der DDR entwickelten sich unter dem schützenden Dach der evangelischen Kirche staatlich unabhängige Friedensgruppen. Im März 1982 leistete die SED-Führung einen besonderen Beitrag zur Friedenssicherung und zur Gleichstellung von Frauen in der DDR: Schon im Fall der Mobilmachung konnten nun auch diensttaugliche Frauen im Alter von 18 bis 50 Jahren zum Armeedienst einberufen werden. Dagegen regte sich jedoch schnell Widerstand, insbesondere von Frauen: In Ost-Berlin fanden sie sich um Bärbel Bohley, Katja Havemann und Ulrike Poppe innerhalb der unabhängigen Friedensbewegung zusammen und initiierten die Gruppe »Frauen für den Frieden«. Ihrem Selbstverständnis nach waren sie Teil der internationalen Friedensbewegung und betrachteten sich als blockübergreifende Initiative, die Kontakte zu Gruppen gleichen Namens im Westen suchte.

Die Verbundenheit mit der internationalen Friedensbewegung zeigte sich im September 1983: Anfang August waren Frauen von West-Berlin aus zu einem Friedensmarsch nach Genf aufgebrochen. Dort fand am 17. September eine Frauenkonferenz zur Abrüstung statt, an der sich Parlamentarierinnen aus den fünf Ländern beteiligten, in denen die NATO Mittelstreckenraketen stationierte. Zeitgleich wurde in der Auferstehungskirche in Zusammenarbeit mit der Pastorin Christa Sengespeick ein Gemeindetag unter dem Motto »Frauen für den Frieden« durchgeführt, an dem sich etwa 400 Frauen und 50 Männer beteiligten. Gegen Abend hielten die Anwesenden ein »politisches Nachtgebet«, das in der Tradition der »politischen Nachtgebete« stand, die erstmals in Köln um die evangelische Theologin und Schriftstellerin Dorothee Sölle im Kontext des Vietnamkrieges praktiziert worden

Der Stand der Gruppe »Frauen für den Frieden« bei der Friedenswerkstatt in der Erlöserkirche am 3. Juli 1983: Barbe Linke, Katja Havemann und Gisela Metz (von links nach rechts).

waren. Zum Abschluss des Gebets verlasen die »Frauen für den Frieden« einen Brief an die Teilnehmerinnen des Friedensmarsches nach Genf und legten ihre Position zur etwaigen nuklearen Aufrüstung in der DDR dar: »Wir glauben, dass im Zeitalter totaler Überrüstung die Aufstellung neuer Waffen in Westeuropa nicht das Aufstellen neuer Waffen in der DDR rechtfertigt. Die Gefahr eines atomaren Konfliktes würde vergrößert werden, weil es keine militärische Sicherheit gibt. Nur eine atomwaffenfreie DDR ist ein Beitrag zu einem atomwaffenfreien Europa.«

Auferstehungskirche, Friedenstraße 83, 10249 Berlin

»GLASNOST IN STAAT & KIRCHE«

PFINGSTKIRCHE

1987 war ein großes Jahr für Berlin: Die geteilte Stadt feierte das 750-jährige Jubiläum ihrer Gründung. Aus diesem Anlass nahm die Leitung der Evangelischen Kirche in Berlin-Brandenburg bereits im Vorfeld Kontakt zu den staatlichen Behörden auf, denn sie plante für dieses Jahr die Durchführung des Evangelischen Kirchentages in Ost-Berlin. Staatlicherseits war man durchaus aufgeschlossen für die Idee, verlangte aber von der Landeskirche politische Zugeständnisse: Sie sollte für die SED missliebige Veranstaltungen, die bislang unter dem schützenden Dach der Kirche stattfanden, unterbinden. Die Kirchenleitung übte entsprechend Druck auf Basisgruppen aus, die seit Jahren die Friedenswerkstatt in der Erlöserkirche und die Blues-Messen in der Samariterkirche durchführten – und schließlich untersagte Generalsuperintendent Günter Krusche die Fortsetzung der Veranstaltungen.

Der Konflikt mit den Basisgruppen führte allerdings dazu, dass diese eine alternative Veranstaltung zum offiziellen Kirchentag ausrichteten – den Kirchentag von Unten. So kamen in der Friedrichshainer Pfingstkirche vom 24. bis 26. Juni 1987 junge Leute zusammen, um über theologische und politische Fragen zu diskutieren. Für künstlerische Unterhaltung sorgten der oppositionelle Liedermacher Stephan Krawczyk und der regierungskritische Schriftsteller Peter Wawerzinek. Auch Teilnehmer des offiziellen Kirchentages aus dem Westen wie der Physiker Carl Friedrich von Weizsäcker sowie die SPD-Politiker Günter Gaus und Erhard Eppler statteten dem Kirchentag von Unten einen Besuch ab. Da die Gemeinderäume der Pfingstkirche für die unerwartet hohe Zahl von 6.000 Besuchern nicht ausreichten, wurden zusätzlich Räume der Galiläagemeinde genutzt.

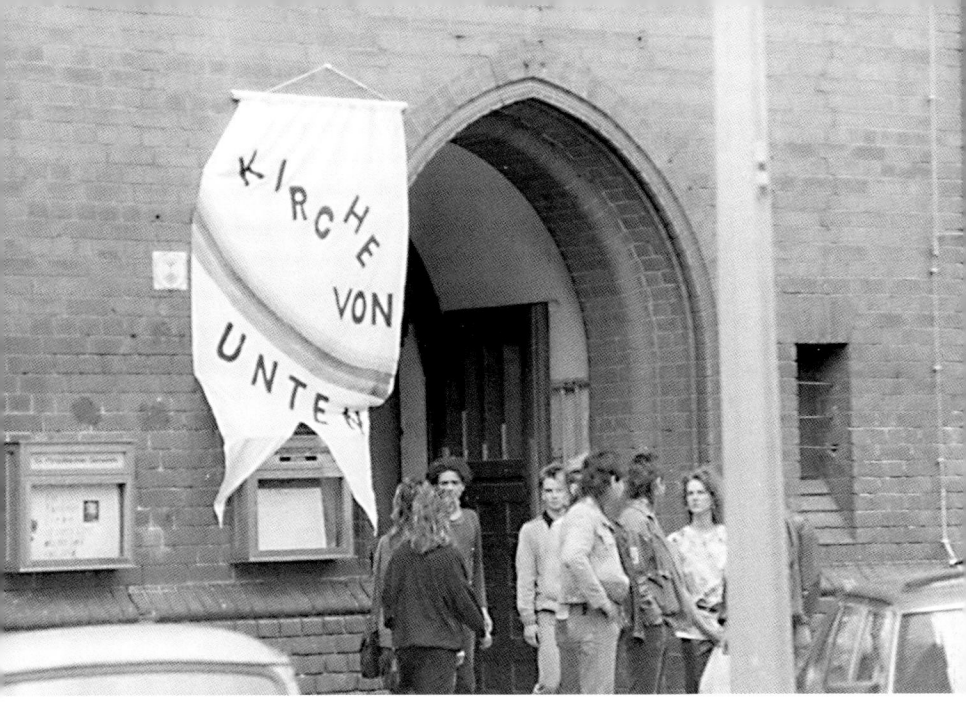

Junge Leute vor der Pfingstkirche beim Kirchentag von Unten, 1987.

Der parallel stattfindende offizielle Kirchentag wurde logistisch vom Staat unterstützt – für die Besucher wurden Busse, Toilettenwagen und Verpflegung zur Verfügung gestellt. Der Abschlussgottesdienst, bei dem etwa 30.000 Menschen zusammenkamen, konnte im Stadion An der Alten Försterei gehalten werden. Zwar durften die kirchlichen Basisgruppen dort keinen Redner stellen. Sie machten jedoch durch Transparente auf ihre Anliegen aufmerksam, auf denen zu lesen stand: »Für einen sozialen Friedensdienst« und »Glasnost in Staat & Kirche«. Aufgrund des Erfolgs des Kirchentages von Unten entstand mit der Basisgemeinde Kirche von Unten (KvU) eine wichtige Kraft für die Oppositionsbewegung in der DDR.

Pfingstkirche, Petersburger Platz 5, 10249 Berlin

»WE COULD BE HEROES JUST FOR ONE DAY«

BRANDENBURGER TOR

An Pfingsten 1987 wollten tausende junge Ost-Berliner eigentlich nur die gleiche Musik hören wie die 60.000 Gleichaltrigen im Westteil der Stadt – doch das geriet schließlich zu einer kleinen Revolte gegen die Staatsmacht. Anlässlich des 750-jährigen Stadtjubiläums traten am Reichstagsgebäude an drei Abenden David Bowie, New Model Army, die Eurythmics, Bruce Hornsby, Paul Young und Genesis auf. Das *Concert for Berlin* wurde vom RIAS übertragen, sodass es auch von Jugendlichen im Osten empfangen werden konnte. Doch viele von ihnen machten sich zum Brandenburger Tor auf, um ihre Stars, wenn schon nicht zu sehen, so doch wenigstens live zu hören. Die Konzertveranstalter taten ein Übriges, das durch die Mauer ausgeschlossene Publikum zu erreichen: Dutzende Lautsprecher waren nach Osten gerichtet. Das war auch ganz im Sinne von David Bowie, der Ende der 1970er Jahre in Schöneberg gelebt und unweit der Mauer im *Hansa Studio* den Song »*Heroes*« eingespielt hatte. Das Lied handelt von Liebe und ihrer Flüchtigkeit im Schatten der Berliner Mauer:

> I, I can remember | Standing by the wall | And the guns, shot above our heads
> And we kissed, as though nothing could fall | And the shame, was on the other side
> Oh, we can beat them, forever and ever | Then we could be heroes just for one day

Aufgrund seiner Verbundenheit mit der Stadt hoffte David Bowie, mit seinem Auftritt beim *Concert for Berlin* auch die Fans im Osten erreichen zu können: »Ich habe viel mit jungen Leuten gesprochen, als ich gestern drüben war und ich glaube schon, dass einige von ihnen zum Konzert heute Abend kommen werden.«

Fans warten vor dem Reichstagsgebäude in West-Berlin auf das Konzert von David Bowie.

Die jungen Ost-Berliner kamen tatsächlich – und es wurden im Verlauf des dreitägigen Konzerts immer mehr. Die DDR-Sicherheitsorgane versuchten ihrerseits, die Jugendlichen möglichst weit vom Brandenburger Tor abzudrängen. Die ließen sich das allerdings nicht mehr gefallen und es kam zu Auseinandersetzungen. Zivile Greifkommandos der Stasi verhafteten einzelne Jugendliche aus der Menge heraus, was die Stimmung weiter aufheizte. Die Polizei ging mit Schlagstöcken vor, die jungen Ost-Berliner antworteten mit den Sprechchören »Bullen – Schweine« und »Die Mauer muss weg«. Einige von ihnen sangen auch die *Internationale*, denn die »erkämpft das Menschenrecht«. Vor der nahe gelegenen sowjetischen Botschaft bekundeten die jungen Ost-Berliner schließlich, wer ihr Hoffnungsträger war, und skandierten: »Gorbatschow, Gorbatschow!«

Brandenburger Tor, Pariser Platz, 10117 Berlin

»UMWELT-BIBLIOTHEK«
ZIONSKIRCHE

Die Atomkatastrophe von Tschernobyl 1986 mobilisierte vor allem junge Menschen rund um den Globus für Aktivitäten zum Schutz des ökologischen Lebensraums. In Ost-Berlin taten sich Christian Halbrock, Carlo Jordan, Oliver Kämper, Christine Müller und Wolfgang Rüddenklau zusammen und gründeten am 2. September 1986 die Umwelt-Bibliothek. Der evangelische Pfarrer Hans Simon hatte den Basisaktivisten dazu Kellerräume des Gemeindehauses der Zionskirche zur Verfügung gestellt. Im Schutz der Kirche konnten die jungen Leute eine Präsenzbibliothek auch mit unerwünschter oder verbotener Literatur sowie eine Druckerei einrichten, in der die Samisdatzeitschrift *Umweltblätter* hergestellt wurde. Die Kellerräume der Kirchengemeinde boten den politischen Freiraum für oppositionelle Lesungen, Vorträge und Ausstellungen. Von Oktober 1986 an entwickelten sich die *Umweltblätter* zur am weitesten verbreiteten Informationsschrift des Widerstands und die Umwelt-Bibliothek wurde, so Tom Sello, zum »Informations- und Kommunikationszentrum der DDR-Opposition«.

Pfarrer Hans Simon öffnete am 17. Oktober 1987 auch die Pforten der Zionskirche für ein Konzert zweier Bands aus der geteilten Stadt: Aus Ost-Berlin trat *Die Firma* auf, deren Gitarrist Paul Landers 1994 die Band *Rammstein* mitgründete. Aus West-Berlin kam *Element of Crime* mit dem Sänger Sven Regener. Die annähernd 2.000 Besucher des Konzerts waren begeistert. Doch nach dem Ende der Veranstaltung drangen etwa 40 rechtsradikale Skinheads in die Kirche ein, skandierten »Sieg Heil«, »Juden raus« und »Kommunistenschweine« und griffen die verbliebenen Konzertbesucher an. Die vor der Kirche präsenten Volkspolizisten griffen nicht ein. Zwar gab es offiziell in der DDR keine

Blick in den Bibliotheksraum der im September 1986 gegründeten Umwelt-Bibliothek im Gemeindehaus der Zionskirche.

Rechtsradikalen, doch durch den Auftritt von *Element of Crime* in der Zionskirche berichteten RIAS und SFB über die Ereignisse und machten sie international bekannt.

Einen guten Monat später geriet die Zionskirche wieder in die internationalen Schlagzeilen: Bei der »Aktion Falle« durchsuchten Mitarbeiter der Stasi in der Nacht vom 24. auf 25. November 1987 die Umwelt-Bibliothek, demontierten die Druckpresse, mit der die *Umweltblätter*, der *Grenzfall* und andere regimekritische Publikationen hergestellt wurden, beschlagnahmten zahlreiche Bücher und verhafteten zwei Aktivisten. Diese kamen aufgrund des nationalen und internationalen öffentlichen Drucks schnell wieder frei. Und die »Aktion Falle« verhalf der Oppositionsbewegung in der DDR zu einem enormen Auftrieb.

Zionskirche, Zionskirchplatz, 10119 Berlin

»GORBATSCHOW – DEMOKRATIE – FRIEDEN«

GETHSEMANEKIRCHE

Im Februar 1986 war der schwedische Ministerpräsident Olof Palme ermordet worden. Die Tat konnte bislang nicht aufgeklärt werden. Der sozialdemokratische Politiker hatte sich international für Abrüstungen und einen atomwaffenfreien Korridor in Mitteleuropa eingesetzt. Vor diesem Hintergrund organisierten internationale Friedensinitiativen im September 1987 den Olof-Palme-Friedensmarsch, der auch durch die DDR führte. Hier beteiligten sich neben staatsnahen offiziellen Vertretern auch unabhängige Friedensgruppen. In diesem Rahmen schuf die *Aktion Sühnezeichen* zwischen den einstigen Konzentrationslagern Ravensbrück und Sachsenhausen einen Pilgerweg. Bei der Wanderung trugen die Friedensaktivisten Transparente mit Forderungen wie »Schwerter zu Pflugscharen«, »Sozialer Friedensdienst für Wehrdienstverweigerer«, »Friedenserziehung statt Wehrunterricht« und »Abrüstung auch in den Schulen und Kindergärten« trugen.

In Ost-Berlin initiierte Stadtjugendpfarrer Wolfram Hülsemann im Kontext des Olof-Palme-Friedensmarschs am 5. September einen Pilgerweg von Mitte nach Prenzlauer Berg. Die Route führte von der Zionskirche über die Segenskirche und die Eliaskirche zur Gethsemanekirche, wo der Pilgerweg mit einem Abschlussgottesdienst endete. An dem Marsch beteiligten sich etwa 1.000 Menschen mit Kerzen und Transparenten mit regierungskritischen Losungen, auf denen zu lesen war: »Keine Feindbilder in der Schule und im Kindergarten«, »Gorbatschow – Demokratie – Frieden« und »Friedenskunde statt Wehrkunde«. Vertreter staatlich gelenkter Friedensgruppen nahmen an diesem Zug nicht teil. Es war die erste Demonstration unabhängiger Basisgruppen, die mit behördlicher Einwilligung legal durchgeführt wer-

Teilnehmer des Olof-Palme-Friedensmarsches, 1987.

den konnte und von der Volkspolizei verkehrstechnisch abgesichert wurde. Für die Oppositionsbewegung resümierte Vera Wollenberger in einem Beitrag für die *Umweltblätter* vom 1. Oktober 1987 hinsichtlich der Aktivitäten während des Olof-Palmes-Friedensmarsches optimistisch: »Es ist etwas Neues entstanden in unserem Land. Freiräume haben sich geöffnet, die von der Friedensbewegung sensibel genutzt und ausgefüllt werden müssen, damit sie nicht wieder verloren gehen.«

Die Gethsemanekirche war ein Ort, an dem sich über die Jahre eine Vielzahl oppositioneller Aktivitäten entfaltete. Am 2. Oktober 1989 willigte Pfarrer Werner Widrat ein, dass Aktivisten des Weißenseer Friedenskreises, der Umwelt-Bibliothek und der KvU in der Gethsemanekirche Mahnwachen für die politisch Inhaftierten abhalten konnten.

Gethsemanekirche, Stargarder Straße 77, 10437 Berlin

»DIE ZENSUR IST ÜBERLEBT, PARADOX, MENSCHENFEINDLICH, UNGESETZLICH UND STRAFBAR«

KONGRESSHALLE

Eine Versammlung namhafter DDR-Schriftsteller im Herbst 1987 ließ deutlich werden, wie sehr die von Michail Gorbatschow in der Sowjetunion angestoßenen politischen Veränderungen auch Auswirkungen in der DDR hatten: Der X. Schriftstellerkongress war bestimmt durch die gesellschaftliche Aufbruchsstimmung, die »Glasnost« und »Perestroika« beim großen Bruder zeitigten. Gleich mehrere bekannte Schriftsteller forderten für ihre Arbeit die Bedingungen von Offenheit und Transparenz, um so die Öffentlichkeit in der DDR zu erreichen, und wandten sich gegen die staatliche Zensur. Noch ein halbes Jahr zuvor hatte Kurt Hager, Mitglied des Politbüros und maßgeblich verantwortlich für die Kulturpolitik in der DDR, in einem Interview mit der westdeutschen Illustrierten *Stern* deutlich gemacht, dass er von den politischen und gesellschaftlichen Veränderungen in der Sowjetunion nichts hielt, und erklärt: »Es scheint, dass westliche Medien an diesem Thema vom Kopieren interessiert sind, weil es in ihr Trugbild von der Hand Moskaus, von der angeblichen Einförmigkeit und Eintönigkeit des Sozialismus passt. Würden Sie, wenn Ihr Nachbar seine Wohnung neu tapeziert, sich verpflichtet fühlen, ihre Wohnung ebenfalls neu zu tapezieren?« Einen Tag später, am 10. April 1987, erschien das Interview auch im *ND* und sollte aus Sicht der DDR-Führungsriege richtungsweisend für die weitere politische Entwicklung im Land werden. Doch es trug dem DDR-Chefideologen lediglich den Beinamen »Tapeten-Kutte« ein.

Der X. Schriftstellerkongress vom 24. bis 26. November 1987 verdeutlichte hingegen, wie sehr die Stimmung des gesellschaftlichen Wandels inzwischen auch die Kulturschaffenden erfasst hatte. In der

Kongresshalle und Haus des Lehrers am Alexanderplatz, 1978.

Kongresshalle am Alexanderplatz verlas etwa Günter de Bruyn einen Brief von Christa Wolf, die an der Veranstaltung nicht teilnahm. Die renommierte Schriftstellerin erklärte darin, dass sie nach der Ausbürgerung von Wolf Biermann ihre Mitarbeit im Schriftstellerverband aufgegeben habe, da es hier nicht möglich sei, »dass Widersprüche auf gleichberechtigter Basis ausgetragen werden«.

Günter de Bruyn griff die in der DDR allenthalben praktizierte Zensur an: »Die Leser werden bevormundet, die Schreiber entmündigt, und manche werden dazu veranlasst, das Land zu verlassen.« Besonders deutliche Worte fand in diesem Zusammenhang Christoph Hein: »Die Zensur der Verlage und Bücher, der Verleger und Autoren ist überlebt, nutzlos, paradox, menschenfeindlich, volksfeindlich, ungesetzlich und strafbar.«

Kongresshalle, Alexanderstraße 11, 10178 Berlin

»RADIO GLASNOST«
REDAKTIONSRÄUME RADIO 100

Im Sommer 1987 bekam die DDR-Opposition eine Stimme, die in ganz Berlin und Umgebung unzensiert gehört werden konnte: *Radio Glasnost* ging vom August 1987 an auf Sendung. Einmal im Monat konnten für eine Stunde die Positionen der Bürgerrechts- und Umweltbewegung, der KvU und anderer oppositioneller DDR-Gruppierungen im Programm von *Radio 100* vermittelt werden. Bereits im Herbst 1986 hatte der Piratensender *Schwarzer Kanal* (in Anspielung auf Karl-Eduard von Schnitzlers gleichnamige Propagandasendung) dreimal illegal von Kreuzberg aus nach Ost-Berlin gesendet. Die Beiträge hatten u. a. der Bürgerrechtler Reinhard Schult und der Liedermacher Stephan Krawczyk geliefert.

Wenige Monate später initiierte der von den DDR Behörden ausgebürgerte Dissident Roland Jahn die Sendung *Radio Glasnost*. Der Journalist verfügte über vielfältige Kontakte in die oppositionelle Szene der DDR und unterstützte diese von West-Berlin aus. Die Möglichkeit, einen West-Berliner Sender als Sprachrohr für oppositionelle DDR-Gruppen zu nutzen, ergab sich bei einem Gespräch von Jahn mit Dieter Rulff, Redakteur des neu gegründeten *Radio 100*. Ziel war es, die oppositionellen Gruppen jenseits der Mauer in ihrer politischen Vielfalt zu präsentieren. Roland Jahn: »Das war das Wichtige, dass wir uns schon als eine Redaktion verstanden haben, die sich nicht positioniert zu der und der Gruppierung. Die sich auch nicht positioniert, in der Frage, wie geht man mit den Leuten um, die die DDR verlassen wollen, bleiben oder gehen. Wir haben versucht, allen Seiten Gehör zu verschaffen.«

Entsprechend befasste sich die von Ilona Marenbach moderierte Sendung mit dem facettenreichen Spektrum an politischen und gesell-

Gedenkstele in der Potsdamer Straße für das linksalternative Radio 100, das monatlich Radio Glasnost sendete.

schaftlichen Themen, die vom DDR-Journalismus totgeschwiegen oder verzerrt dargestellt wurden: die Umweltzerstörungen, die Gefahren der Atomkraft, die Zunahme der Ausreiseanträge von DDR-Bürgern, die Gefahr des Rechtsradikalismus in der DDR, etwa am Beispiel des Überfalls von Skinheads auf das Punkkonzert in der Zionskirche etc. Die von *Radio Glasnost* gesendeten Materialien waren in Ost-Berlin auf Tonbändern aufgenommen und über Kuriere in den Westen geschmuggelt worden. Das MfS versuchte seinerseits die aus SED-Perspektive äußerst missliebigen Sendungen von *Radio Glasnost* durch Störsender zu behindern. Doch *Radio Glasnost* konnte bis zum Fall der Mauer hörbar auf Sendung bleiben und leistete so einen wichtigen Beitrag zur Unterstützung der demokratischen Gegenöffentlichkeit in der DDR.

Redaktionsräume Radio 100 / Wohn- und Geschäftshaus,
Potsdamer Straße 131, 10783 Berlin

»FREIHEIT IST IMMER FREIHEIT DER ANDERSDENKENDEN«

FRANKFURTER TOR

Ein zentrales geschichtspolitisches Ritual der DDR bestand in der jährlich am dritten Sonntag im Januar durchgeführten Demonstration anlässlich der Ermordung von Rosa Luxemburg und Karl Liebknecht durch das Freikorps der Garde-Kavallerie-Schützendivision am 15. Januar 1919 im Tiergarten. Die Mitgründer der KPD wurden vom SED-Staat für den realen Sozialismus in der DDR instrumentalisiert. Ihre Namen wurden stets zusammen genannt, obwohl sich ihre politischen Auffassungen sehr unterschieden – Rosa Luxemburg übte früh Kritik am Bolschewismus in Russland. Deshalb kam es nicht von ungefähr, dass sich Bürgerrechtler in Ost-Berlin zur Legitimierung ihrer Positionen auf die Revolutionärin beriefen. So beschlossen die Aktivisten der AG Staatsbürgerschaftsrecht, sich an der offiziellen Liebknecht-Luxemburg-Demonstration am 17. Januar 1988 mit Transparenten zu beteiligen, auf denen Zitate von Rosa Luxemburg zu lesen waren.

Dem MfS waren die Vorbereitungen der Proteste nicht entgangen. Im Vorfeld wurden über 100 Personen belehrt, dass sie nicht an der Liebknecht-Luxemburg-Demonstration teilnehmen sollten. Erste Verhaftungen erfolgten bereits einen Tag vor der Veranstaltung. Das hinderte jedoch viele Dissidenten nicht daran, sich am 17. Januar 1988 an der Wegstrecke der Demonstration am Frankfurter Tor mit Transparenten einzufinden, auf denen Zitate von Rosa Luxemburg standen: »Der einzige Weg zur Wiedergeburt – breite Demokratie«, »Wer sich nicht bewegt, spürt die Fesseln nicht«, »Freiheit nur für die Anhänger einer Regierung, nur für die Mitglieder einer Partei – und mögen sie noch so zahlreich sein – ist keine Freiheit« und »Freiheit ist immer Freiheit der Andersdenkenden«. Doch noch bevor die Bürgerrechtler

Die Stasi behindert die Arbeit eines ARD-Teams, indem sie offizielle Transparente vor die Kamera hält. Es soll nicht gefilmt werden, wie Oppositionelle verhaftet werden.

die Teilnehmer der offiziellen Demonstration mit ihren Transparenten konfrontieren konnten, wurden sie von den Sicherheitskräften festgenommen, 70 Personen allein am Frankfurter Tor. Unter den Inhaftierten befand sich auch Stephan Krawczyk. Der Liedermacher, der seit seinem Austritt aus der SED im Jahr 1985 mit Auftrittsverbot belegt war, hatte bei der Demonstration ein Transparent bei sich, mit dem er gegen diese Zensurmaßnahme protestierte: »Gegen Berufsverbote in der DDR«. Krawczyk griff damit einen von der SED-Führung seit den 1970er Jahren immer wieder propagandistisch gegen den Radikalenerlass in der Bundesrepublik benutzten Begriff auf – und wandte ihn gegen die eigene Regierung.

Frankfurter Tor, 10243 Berlin

»CARL VON OSSIETZKY – DAS RISIKO EINE EIGENE MEINUNG ZU HABEN«

EOS CARL-VON-OSSIETZKY

Der Kampf gegen den Faschismus gehörte in der DDR zur verordneten Staatsdoktrin. So fand auch am 11. September 1988 eine offiziell inszenierte Kundgebung für die Opfer des Faschismus auf dem Bebelplatz statt. Doch als Schüler der EOS Carl-von-Ossietzky dort auf die Gefahren des Neofaschismus in der DDR aufmerksam machten, wurden ihre Personalien von Sicherheitskräften festgehalten: »Gegen faschistische Tendenzen« und »Neonazis raus« war auf den beiden Transparenten zu lesen, die von den 16 bis 18 Jahre alten Schülern angefertigt worden waren. Die Schüler blieben aus behördlicher Sicht auffällig. In der Carl-von-Ossietzky-Schule hatte der Direktor Rainer Forner die – sehr ungewöhnliche – Erlaubnis erteilt, eine Speakers' Corner einzurichten. Am Tag nach der Aktion auf dem Bebelplatz veröffentlichten Benjamin Lindner und Shenja-Paul Wiens dort einen Wandzeitungsartikel, in dem sie »eine Machtbeteiligung der Solidarność und anderer oppositioneller Kräfte« in Polen als unumgänglich ansahen. Am 14. September bekundete Kai Feller in einem Beitrag, dass die DDR ihren Friedenswillen durch Unterlassung der alljährlichen Militärparade anlässlich der Feierlichkeiten zum Gründungstag am 7. Oktober bekunden sollte und sammelte für diese Aktion Unterschriften.

Diese oppositionellen Aktivitäten schlugen hohe Wellen bis zur SED-Bezirksleitung unter Günter Schabowski und dem Ministerium für Volksbildung unter Margot Honecker. In der Folge wurden Kai Feller, Katja Ihle, Benjamin Lindner und Philipp Lengsfeld aus der FDJ ausgeschlossen und von der Schule verwiesen. Diese Maßnahme löste jedoch einen breiten Sturm der Entrüstung aus: Basisgruppen führten in verschiedenen Kirchen Solidaritätsbekundungen durch, T-Shirts

Die Erweiterte Oberschule Carl-von-Ossietzky in Berlin-Pankow, 1988.

mit dem Aufdruck »Carl von Ossietzky – Das Risiko eine eigene Meinung zu haben« fanden unter Jugendlichen weite Verbreitung. Marianne Birthler vom Stadtjugendpfarramt schilderte in einem Bericht an alle Berliner evangelischen Gemeinden die Maßnahmen gegen die Schüler und protestierte dagegen. Landesweit fanden im Herbst 1988 Protestveranstaltungen statt und prominente Intellektuelle wie Christoph Hein, Stephan Hermlin und Jürgen Kuczynski setzten sich für die Schüler ein. Zwar wurden die Relegierten erst am 1. November 1989 faktisch rehabilitiert – doch ihr Engagement hatte einen enormen Mobilitätsschub der Oppositionsbewegung bewirkt, sodass Jens Reich vom Neuen Forum im Herbst 1989 die Schüler zu den »Pionieren unserer Bewegung« zählte.

EOS Carl-von-Ossietzky / Carl-von-Ossietzky-Gymnasium,
Görschstraße 42/44, 13187 Berlin

»DIESES LAND IST ES NICHT«
WERNER-SEELENBINDER-HALLE

Die Auseinandersetzungen von jungen Leuten mit der Volkspolizei wegen der Rockkonzerte am Reichstagsgebäude zu Pfingsten 1987 waren für Kurt Hager Anlass, über geeignete Gegenmaßnahmen nachzudenken: Der Chef-Ideologe der SED wies die Künstler-Agentur der DDR und die FDJ an, Konzertveranstaltungen mit populären Musikern aus dem Westen zu organisieren, »um dem ausgeprägten Interesse der Jugend nach solchen Veranstaltungen besser zu entsprechen«.

Vor diesem Hintergrund war es dem Kultursekretär der Berliner FDJ-Bezirksleitung, Rainer Börner, möglich, Rio Reiser in die Werner-Seelenbinder-Halle einzuladen. Reiser war einst Sänger der West-Berliner Anarcho-Band *Ton Steine Scherben* und hatte nun mit seiner Debüt-Platte »Rio I.«, die u. a. den Song »König von Deutschland« enthielt, in West und Ost großen Erfolg.

Im Vorprogramm zu den Konzerten von Rio Reiser am 1. und 2. Oktober 1988 trat die Ost-Berliner Band von Lutz Kerschowski auf. Nach etwa einer Stunde war es dann soweit: Rio kam auf die Bühne und die etwa 6.000 jungen Leute, manche mit der schwarz-roten Fahne der Anarchisten, sangen die Texte begeistert mit. Ein Lied, so die Vereinbarung mit der FDJ, durfte Reiser nicht spielen, den *Ton Steine Scherben*-Klassiker »Keine Macht für niemand«. Doch das Publikum fand trotzdem einen Weg, die politische Stimmung lautstark zum Ausdruck zu bringen. Kurz vor den Zugaben setzte sich Rio Reiser allein an das Keybord und sang »Der Traum ist aus«:

Ich hab geträumt, der Winter wär' vorbei | *Du warst hier – und wir war'n frei*
Und die Morgensonne schien | *Es gab keine Angst und nichts zu verlieren*

Es war Friede bei den Menschen und unter den Tieren
Das war das Paradies | *Der Traum ist aus* | *Der Traum ist – aus*
Aber ich werde alles geben, dass er Wirklichkeit wird

Jugendliche Zuhörer während eines Konzerts von Rio Reiser in Ost-Berlin im Oktober 1988.

Das Publikum sang mit – und geriet bei der Liedzeile »Dieses Land ist es nicht« außer sich:

> *Gibt es ein Land auf der Erde, wo der Traum Wirklichkeit ist?*
> *Ich weiß es wirklich nicht | Ich weiß nur eins, und da bin ich sicher:*
> *Dieses Land ist es nicht | Dieses Land ist es nicht*

»Der Saal scheint zu bersten, das Publikum ist Rio voraus, singt, schreit, wütet mit, lässt den ganzen Frust über dieses verschlafene, zugesperrte Land in Agonie heraus«, beschrieb Henry Bernhard die Szene. Das Konzert wurde vom DDR-Fernsehen aufgezeichnet und übertragen – freilich ohne »Der Traum ist aus«. Doch bis heute existiert von den Konzerten Rio Reisers in der Werner-Seelenbinder-Halle ein Tonmitschnitt – mit diesem Lied.

Werner-Seelenbinder-Halle / Velodrom, Paul-Heyse-Straße 26, 10407 Berlin

»KNOBLAUCH UND SCHOKOLADE«

EVANGELISCHES KONSISTORIUM

Während in der Sowjetunion seit dem Amtsantritt Michail Gorbatschows mehr und mehr eine Politik der Transparenz und Offenheit praktiziert wurde, war in der DDR 1987/88 von Glasnost noch nichts zu spüren. Da nutzten die Einlassungen von Günter de Bruyn und Christoph Hein auf dem X. Schriftstellerkongress gegen die Zensur so wenig wie der offene Brief des Künstlerpaares Freya Klier und Stephan Krawczyk an den SED-Chefideologen Kurt Hager, in dem sie mit dem Verweis auf die Reformen in der UdSSR die Freiheit der Kunst in der DDR einforderten. Von der Zensur betroffen waren nun auch Publikationen der evangelischen Kirche, denn sie berichteten zusehends ausführlicher über den DDR-Behörden missliebige Themen. Im gesamten Land brachte die evangelische Kirche fünf Wochenzeitungen mit einer Gesamtauflage von etwa 150.000 Exemplaren heraus. Die Zeitschriften waren jedoch nicht im Handel zu erwerben, sondern nur im Abonnement zu bestellen oder in der Kirche erhältlich. In Ost-Berlin wurde die protestantische Zeitschrift *Die Kirche* vom damaligen Berlin-Brandenburger Bischof Gottfried Forck herausgegeben. Das Blatt geriet 1988 in das Visier der Zensurbehörden, da es vorgeblich oppositionelle Inhalte publizierte. Deshalb durfte die Wochenzeitung allein in diesem Jahr fünfmal nicht erscheinen.

Doch gegen die Zensurpolitik regte sich Widerstand: Im Herbst 1988 tauchten in Ost-Berlin hektografierte Flugblätter unter dem Motto »Fürchte dich nicht« auf, das vom alttestamentarischen Propheten Jesaja entlehnt war. Darin wurde zu einer Demonstration gegen die fortgesetzte Zensur von *Die Kirche* aufgerufen. Am 10. Oktober 1988 sollte man sich vor dem Gebäude des Evangelischen Konsistoriums

Bürgerrechtler protestieren gegen die staatliche Zensur der Zeitschrift Die Kirche.

einfinden, um bei einem Zug zum staatlichen Presseamt gegen die Zensurmaßnahmen zu protestieren. Allerdings kamen die etwa 150 Demonstranten nur knapp 100 Meter weit: Polizei und Stasi blockierten die Straße. Als Diakon Mario Schatta abgeführt werden sollte, erklärten sich die anderen Demonstranten solidarisch mit ihm, umringten das Polizeifahrzeug und riefen »Entweder alle oder keiner«. Auf eine Festnahme hatten sich die Oppositionellen ohnehin schon eingestellt, so die spätere Bundesbeauftragte für die Unterlagen der Stasi, Marianne Birthler: »Für den Fall der Verhaftung hatten wir Knoblauch und Schokolade eingepackt. Ersteres war für die Vernehmungen gedacht, zweites als Proviant im Knast.«

Evangelisches Konsistorium, Neue Grünstraße 19, 10179 Berlin

»WIR HABEN NACHGEWIESEN, DASS DIE SED WAHLBETRUG BEGANGEN HAT«

STEPHANUS-STIFTUNG

Nicht nur nach Auffassung von Bürgerrechtlern handelte es sich bei den Wahlen in der DDR vermittels Einheitslisten der Nationalen Front um eine Farce. Egal ob Volkskammer- oder Kommunalwahlen – die Einheitsliste erhielt stets 99 Prozent der abgegebenen Stimmen. Der Wahlvorgang bestand darin, dass man nach Vorlegen der Wahlberechtigung den ausgehändigten Wahlzettel faltete und in die Urne warf, was als Ja-Stimme gezählt wurde. Um mit Nein zu stimmen, hätte man alle auf der Einheitsliste aufgelisteten Kandidaten durchstreichen müssen. Eine Wahlkabine war zwar vorhanden. Von ihr Gebrauch zu machen, hieß aber zugleich, dass man politisch verdächtig war.

Dass die Wahlen darüber hinaus von den Behörden systematisch gefälscht wurden, konnten Aktivisten der Bürgerbewegung erstmals im Rahmen der Kommunalwahlen vom 7. Mai 1989 nachweisen. Dabei beriefen sie sich auf das Wahlgesetz der DDR, das nach § 37 vorsah: »Die Auszählung der Stimmen erfolgt im Wahllokal. Sie ist öffentlich und wird vom Wahlvorstand durchgeführt.« Dieses verbriefte Recht auf Wahlbeobachtung wollten Angehörige des Weißenseer Friedenskreises nutzen, der von Diakon Mario Schatta von 1983 an aufgebaut worden war: Sie ermittelten sämtliche Wahllokale im Stadtbezirk – eine Liste der Wahllokale war von den Behörden nicht erhältlich – und organisierten am Wahlabend für 67 von 68 Wahllokalen drei Beobachter für die Auszählung. Die Initiative machte bei anderen oppositionellen Gruppierungen Schule – in Ost-Berlin und landesweit in vielen anderen Kommunen organisierten sich Gruppen von Bürgern, um die Ergebnisse der Kommunalwahlen zu prüfen.

Die Stephanus-Stiftung in Weißensee.

Die Wahlbeobachter für den Bezirk Weißensee brachten ihre Ergebnisse in die Wohnung von Evelyn Zupke. Sie hatte sich bereits als 22-Jährige geweigert, an den Wahlen teilzunehmen, die sie als bloßes »Zettelfalten« ansah. Das Apartment von Evelyn Zupke befand sich auf dem Gelände der Stephanus-Stiftung in Weißensee, wo die Aktivistin des Friedenskreises mit behinderten Kindern arbeitete. Nach der Auswertung der Ergebnisse stand fest, dass 90 Prozent für die Einheitsliste gestimmt hatten, zehn Prozent – insgesamt 2.156 Stimmen – waren dagegen. Dieses Ergebnis widersprach den offiziellen Angaben der Behörden: Diese gaben nur 1.011 Neinstimmen für den Wahlbezirk an. Entsprechend stellte Mario Schatta fest: »Wir haben nachgewiesen, dass die SED Wahlbetrug begangen hat.«

Stephanus-Stiftung, Albertinenstraße 20–23, 13086 Berlin

»DIE KANDIDATEN SOLLTEN DIE ANNAHME IHRER MANDATE ABLEHNEN«

ELISABETHKIRCHE

Nach der Auswertung der Ergebnisse ihrer Wahlbeobachtungen fuhren die Aktivisten des Weißenseer Friedenskreises zum Gemeindehaus der Elisabethkirche. Dort veranstaltete die Kirche von Unten (KvU) eine Wahlparty, bei der etwa 300 Menschen oppositioneller Basisgruppen zusammenkamen. Viele von ihnen hatten als Beobachter in über 230 Wahllokalen Ost-Berlins der Auszählung der Stimmen beigewohnt. Als »Eintrittskarte« zur Party diente die Wahlbenachrichtigungskarte, wodurch die Besucher ihren Wahlboykott dokumentierten. Anwesend waren auch zahlreiche Journalisten westdeutscher Medien – die Mitarbeiter von *Spiegel*, *Zeit*, *Frankfurter Rundschau*, *Evangelischem Pressedienst*, DPA sowie des ARD-Hörfunks und -Fernsehens hatten im Vorfeld von den Plänen zur Wahlbeobachtung erfahren.

Vikar Thomas Krüger, einer der Protagonisten der KvU, hielt in der Elisabethkirche eine Andacht und ging darin auf den alttestamentarischen Propheten Jeremias ein. Dieser habe zum Handeln aufgefordert, wenn es darum gehe, »Unheil für ein ganzes Land« zu vermeiden. Dieses Engagement sei jedoch mit individuellen Risiken verbunden, so der Vikar: »Wenn man über den Graben springt, muss man damit rechnen, dass man die Hucke voll bekommt.« Währenddessen wurden in einem Nebenzimmer der Gemeinderäume die Ergebnisse aus den Ost-Berliner Wahlbezirken errechnet. Als dann Egon Krenz, der Leiter der Zentralen Wahlkommission, im DDR-Fernsehen erklärte, 98,85 Prozent der abgegebenen Stimmen seien Ja-Stimmen für die Einheitsliste gewesen, war für die Anwesenden in der Elisabethkirche klar: Das offizielle Wahlergebnis war eine Fälschung, denn die vorgestellten Zahlen wichen zu sehr von den Ergebnissen ab, die von den Wahlbeobach-

Stimmauszählung zur Kommunalwahl am 7. Mai 1989 unter einem Honecker-Portrait im Wahllokal 802, Ernst-Thälmann-Park.

tern in Ost-Berlin und im gesamten Land festgestellt worden waren. Deshalb machten sich noch am selben Abend Aktivisten der KvU, des Arbeitskreis Solidarische Kirche, der Friedenskreise Weißensee und Friedrichsfelde, der Initiative Friede und Menschenrechte, der Umwelt-Bibliothek, der Arche, der Gruppe Gegenstimmen und anderer Basisgruppen an die Abfassung einer gemeinsamen Protesterklärung, in der sie ihre Erkenntnisse über die Wahlmanipulationen darlegten und deshalb von den gewählten Kommunalpolitikern forderten: »Nach diesen Erkenntnissen liegt Wahlfälschung vor. Die Kandidaten sollten aus den genannten Gründen die Annahme ihrer Mandate ablehnen.«

Elisabethkirche, Invalidenstraße 4a, 10115 Berlin

»HIER RUHT DIE DEMOKRATIE«

SOPHIENKIRCHE

Noch am Abend nach der Kommunalwahl vom 7. Mai 1989 gründeten Angehörige der Bürgerrechtsbewegung die »Koordinierungsgruppe Wahlen«. Ziel war es, die systematischen Wahlfälschungen des Regimes zu dokumentieren und Protest dagegen zu organisieren. Knapp 14 Tage später präsentierte die Koordinierungsgruppe ihren »Bericht über die Kommunalwahlen 1989«, in dem sie die von Wahlbeobachtern ermittelten Ergebnisse der Wahlbezirke von Friedrichshain, Prenzlauer Berg und Weißensee sowie Potsdam den offiziellen Zahlen gegenüberstellte. Das Papier fand über die diversen Kanäle der oppositionellen Gruppierungen im ganzen Land Verbreitung. Auch andernorts, etwa in Leipzig, Dresden und Weimar, wurden die Wahlfälschungen dokumentiert und im Samisdat veröffentlicht. Zugleich machten die kritischen Wahlbeobachter zahlreiche Eingaben beim Staatsrat – ohne eine Antwort zu erhalten.

Um ihrem Protest gegen den Wahlbetrug öffentlich Ausdruck zu verleihen, organisierten Aktivisten der Basisgruppen einen Monat nach den Kommunalwahlen eine Demonstration: Am 7. Juni 1989 traf sich eine Gruppe vor dem Konsistorium, um zum Staatsratsgebäude zu ziehen. Dort wollten die Demonstranten ein Erinnerungsschreiben über ihre Eingabe zur Wahlfälschung abgeben. Doch Polizei und Stasi waren auch vor Ort. Sie verhinderten den Demonstrationszug, erlaubten jedoch, dass die Aktivisten zur Sophienkirche gingen. Dort formierte sich gegen 17 Uhr abermals ein Demonstrationszug: Michael Heinisch und Stefan Müller trugen ein Transparent mit der Aufschrift »Nie genug vom Wahlbetrug«, andere eine nachgebaute Wahlurne, auf der zu lesen war: »Hier ruht die Demokratie«. Freunde hatten die Urne

Demonstration gegen den Wahlbetrug vor der Sophienkirche am 7. Juni 1989.

aus Evelyn Zupkes Wohnung geschmuggelt, denn sie selbst stand unter Hausarrest.

Der kleine Demonstrationszug vor der Sophienkirche kam allerdings nicht weit: Am Tor zur Großen Hamburger Straße wurden die etwa 50 Leute von Polizisten aufgehalten, die sogleich die symbolische Wahlurne zertraten und den Aktivisten das Transparent entrissen. Die Demonstranten wurden in Reisebusse verbracht, für eine Nacht im Gefängnis Rummelsburg inhaftiert und verhört. Doch der Protest gegen die Wahlfälschungen trug trotzdem Früchte: Am nächsten Tag wurde in der Gethsemanekirche die Broschüre »Wahl '89« vertrieben, worin der landesweite Wahlbetrug dokumentiert wurde. Die gefälschten Kommunalwahlen bildeten den Anlass dafür, dass sich die oppositionellen Gruppen in der gesamten DDR stärker vernetzten und koordiniert zusammenarbeiteten.

Sophienkirche, Große Hamburger Straße 29-30, 10115 Berlin

»DIE CHINESISCHE LÖSUNG SCHWEBTE VON NUN AN WIE EIN DAMOKLESSCHWERT ÜBER UNS«

BOTSCHAFT DER VOLKSREPUBLIK CHINA

Seit Mai 1989 protestierten zunächst Studenten, dann auch Arbeiter auf dem Tian'anmen-Platz in Peking gegen Korruption und für demokratische Reformen in China. In der Nacht zum 4. Juni wurden die Protestaktionen jedoch vom chinesischen Militär mit Panzern blutig niedergewalzt. Nach Schätzungen des Roten Kreuzes kamen dabei etwa 2.600 Menschen ums Leben. In der DDR stellte sich die SED-Führung demonstrativ an die Seite der chinesischen KP – das *ND* titelte am 5. Juni »Volksbefreiungsarmee Chinas schlug konterrevolutionären Aufruhr nieder« und Ernst Timm erklärte für die Abgeordneten der Volkskammer am 8. Juni, »dass in der gegenwärtigen Lage die von der Partei- und Staatsführung der Volksrepublik China beharrlich angestrebte politische Lösung innerer Probleme infolge der gewaltsamen, blutigen Ausschreitungen verfassungsfeindlicher Elemente verhindert worden ist«.

Oppositionelle Basisgruppen waren jedoch entsetzt über das Massaker des chinesischen Militärs an der eigenen Bevölkerung. In zahlreichen Schulen und Hochschulen kam es zu Protesten, Aktivisten der Umwelt-Bibliothek verfassten eine Erklärung, in der sie sich mit der Bevölkerung und den Studenten Chinas solidarisierten. Die chinesische Botschaft in Pankow wurde im Verlauf des Junis 1989 mehrfach zu einem Ort, an dem sich der Protest gegen das Massaker artikulierte. So zogen am 6. Juni 1989 etwa 30 Menschen vor das Botschaftsgebäude, um ihre Solidarität mit den Opfern in China zu bekunden. Doch die kleine Schar wurde sehr schnell von der Volkspolizei auf einen LKW verbracht und weggeführt. In der Folge gab es weitere kleine Kundgebungen vor der chinesischen Vertretung. Als am 22. Juni etwa 50

Botschaft der Volksrepublik China in Ost-Berlin, 1987.

junge Leute dem chinesischen Botschafter einen offenen Protestbrief überreichen wollten, gelangten sie noch nicht einmal in die Nähe der Botschaft, die inzwischen von Volkspolizei und Stasi weiträumig abgeriegelt worden war.

Vertreter der SED ließen unterdessen keinen Zweifel an ihrer weiteren Unterstützung der harten Haltung der chinesischen Führung aufkommen, etwa anlässlich der Freundschaftsbesuche der Parteifunktionäre Hans Modrow, Günter Schabowski und Egon Krenz in China. Für die DDR-Opposition war dies ein unmissverständliches Zeichen für die Reformunwilligkeit ihrer eigenen Regierung – und hinsichtlich eines möglichen gewalttätigen Vorgehens gegen ihre Aktivitäten: »Die chinesische Lösung schwebte von nun an wie ein Damoklesschwert über uns«, so Ulrike Poppe.

Botschaft der Volksrepublik China / Wohnhaus,
Heinrich-Mann-Straße 9, 13156 Berlin

»NEUES FORUM – AUFBRUCH 89«

WOHNUNG VON BÄRBEL BOHLEY

Eine der wichtigsten Persönlichkeiten der Wende in der DDR war die Malerin Bärbel Bohley. Ihre Wohnung und ihr Atelier am Prenzlauer Berg in der Fehrbelliner Straße waren über Jahre ein zentraler Treffpunkt für die Bürgerrechtsbewegung der 1980er Jahre. Was die Persönlichkeit von Bohley für die Bewegung ausmachte, beschrieb der Pfarrer und Bürgerrechtlicher Stephan Bickhardt wie folgt: »Das Besondere an ihr war ihre Unerschrockenheit. Den Mut, den sie ausstrahlte, konnte sie an andere weitergeben.« In ihrer Wohnung wurden Themen der DDR-Oppositionsbewegung allgemein genauso diskutiert wie spezielle politische Inhalte der Gruppierungen »Frauen für den Frieden« (1982/83), der Initiative Frieden und Menschenrechte (1985/86) und des Neuen Forums (1989), deren Gründung sie mitinitiierte.

Für die weitere Entwicklung der Bürgerrechtsbewegung im Herbst 1989 wurde der Gründungsaufruf des NF von besonderer Bedeutung: Am 9./10. September trafen sich im nahe bei Berlin gelegenen Grünheider Ortsteil Altbuchhorst etliche Aktivisten der Oppositionsbewegung im Haus von Katja Havemann und veröffentlichten den Aufruf »Neues Forum – Aufbruch 89«. Darin wurde eingangs festgestellt: »In unserem Lande ist die Kommunikation zwischen Staat und Gesellschaft offensichtlich gestört. Beleg dafür ist die weit verbreitete Verdrossenheit bis hin zum Rückzug in die private Nische oder zur massenhaften Auswanderung. Fluchtbewegungen dieses Ausmaßes sind anderswo durch Not, Hunger und Gewalt verursacht. Davon kann bei uns keine Rede sein.« Gefordert wurde ein demokratischer Dialog über die Aufgaben des Rechtsstaates, von Wirtschaft und Kultur. Das NF sollte dafür eine politische Plattform für die ganze DDR bieten, »die es den

Bärbel Bohley in ihrer Wohnung in der Fehrbelliner Straße, 8. November 1989.

Menschen aus allen Berufen, Lebenskreisen, Parteien und Gruppen möglich macht, sich an der Diskussion und Bearbeitung existentieller Gesellschaftsprobleme in diesem Lande zu beteiligen«. Erstunterzeichner des Gründungsaufrufs waren u. a. Bärbel Bohley, Erika Drees, Katja Havemann, Reinhard Meinel, Christine und Sebastian Pflugbeil, Eva und Jens Reich, Reinhard Schult, Jutta und Eberhard Seidel, Rudolf Tschäpe und Catrin Ulbricht. Der Aufruf beflügelte die Bürgerbewegung enorm. Dabei diente das Atelier von Bärbel Bohley im Herbst '89 als wichtiger Ort für Kontaktaufnahme, Kommunikation und Austausch für Dissidenten aus der gesamten DDR.

Die Grande Dame der Bürgerrechtsbewegung verstarb im Jahr 2010. Sie wurde auf dem Dorotheenstädtischen Friedhof beigesetzt.

Wohnung von Bärbel Bohley / Wohnhaus,
Fehrbelliner Straße 91, 10119 Berlin

»DIE ZEIT IST REIF«
JUGENDKLUB MAXIM GORKI

Der Aufruf »Neues Forum – Aufbruch 89« zog schnell weite Kreise. Wenige Tage nach seiner Veröffentlichung trafen sich die Musiker Tamara Danz, Jürgen Eger, Toni Krahl u. a. mit Bärbel Bohley und kamen mit der Bürgerrechtlerin überein, dass sie sich für die Unterstützung des NF einsetzen würden.

Vor diesem Hintergrund kamen am 18. September 1989 im Jugendklub Maxim Gorki in Weißensee etwa 50 Rockmusiker und Liedermacher zusammen. In der von ihnen erarbeiteten Resolution erklärten sie: »Wir, die Unterzeichner dieses Schreibens, sind besorgt über den augenblicklichen Zustand unseres Landes, über den massenhaften Exodus vieler Altersgenossen, über die Sinnkrise dieser gesellschaftlichen Alternative und über die unerträgliche Ignoranz der Staats- und Parteiführung, die vorhandene Widersprüche bagatellisiert und an einem starren Kurs festhält. Es geht nicht um ›Reformen, die den Sozialismus abschaffen‹, sondern um Reformen, die ihn weiterhin in diesem Land möglich machen.«

Die Künstler begrüßten »ausdrücklich, dass Bürger sich in basisdemokratisch organisierten Gruppen finden, um die Lösung der anstehenden Probleme in die eigene Hand zu nehmen« und fanden im Aufruf des NF »vieles, was wir selber denken und noch mehr, was der Diskussion und des Austausches wert ist«. Wie der Aufruf des NF schlossen die Künstler mit dem Satz »Die Zeit ist reif«, banden ihn jedoch in einen eigenen Aussagekontext ein: »Feiges Abwarten liefert gesamtdeutschen Denkern Argumente und Voraussetzungen. Die Zeit ist reif. Wenn wir nichts unternehmen, arbeitet sie gegen uns.« Unterzeichnet wurde die Resolution u. a. von Tamara Danz (*Silly*), Jürgen

Kinder- und Jugendclub Maxim, 2019.

Eger, André Herzberg (*Pankow*), Toni Krahl (*City*), Bernd Römer (*Karat*) und Gerhard Schöne. Zum Umgang mit der Resolution wurde verabredet, dass sie nur an DDR-Medien wie *ADN*, *Neues Deutschland* und *Junge Welt*, an die FDJ und an die Ministerien gegeben werden sollte, die die Künstler als für sie zuständig erachteten – die Ministerien für Kultur, des Innern und für Staatssicherheit. Weiterhin hatten die Rockmusiker und Liedermacher beschlossen, unabhängig davon, ob die DDR-Medien die Resolution veröffentlichen würden, den Text bei ihren Auftritten von der Bühne zu verlesen. Sie sorgten so für die Verbreitung der Resolution und der darin enthaltenen positiven Bewertung der politischen Anliegen des NF in weite Bevölkerungskreise hinein.

Jugendclub Maxim Gorki / Kinder- und Jugendklub Maxim,
Charlottenburger Straße 117, 13086 Berlin

»IN GEFAHR GERÄT, WER DIE ANSTÖSSE AUS DER GESELLSCHAFT NICHT BERÜCKSICHTIGT«

NEUE WACHE

Trotz Demokratiebewegung, wirtschaftlichem Niedergang und Massenflucht – zum 40. Jubiläum der Gründung der DDR ließ es sich die SED-Führung nicht nehmen, sich mit Pomp und Gloria feiern zu lassen. So waren die Festivitäten anlässlich der Staatsgründung auf zwei Tage angesetzt worden. Als Ehrengast reiste der sowjetische Staats- und Parteichef Michail Gorbatschow mit seiner Frau Raissa an. Auf einer Tribüne konnten sie am Abend des 6. Oktober zusammen mit der SED-Politprominenz sowie Jassir Arafat (PLO), Nicolae Ceaușescu (Rumänien), Miloš Jakeš (ČSSR), Wojciech Jaruzelski (Polen), Daniel Ortega (Nicaragua), Todor Schiwkow (Bulgarien) und weiteren internationalen Freunden der DDR dem Fackelzug von etwa 75.000 FDJ-Mitgliedern auf der Straße Unter den Linden beiwohnen. Damit wurde eine Brücke zur DDR-Gründung vor 40 Jahren geschlagen, als am 11. Oktober 1949 die FDJ ebenfalls einen Fackelzug in Berlins Mitte veranstaltet hatte.

Doch was der sowjetische Reformkommunist seinen Genossen vom SED-Politbüro am nächsten Vormittag im Schloss Schönhausen zu sagen hatte, konnte der DDR-Führungsriege nicht gefallen. Zuvor traf sich Gorbatschow zu einem Gespräch mit Honecker, der von den wirtschaftlichen Errungenschaften der DDR berichtete. Gorbatschow, der über die ökonomische Situation des Bruderstaates bestens informiert war, fühlte sich für dumm verkauft und notierte später: »Ich war entsetzt. Drei Stunden unterhielt ich mich mit ihm. Und er fuhr fort, mich von den mächtigen Errungenschaften der DDR überzeugen zu wollen.« Gegenüber den Mitgliedern des SED-Politbüros machte der Vorsitzende der KPdSU dann deutlich, wie angesichts der Veränderun-

Michail Gorbatschow und seine Frau Raissa auf dem Weg in den Palast der Republik, 7. Oktober 1989.

gen in der Sowjetunion, in Polen und in Ungarn die Zeichen der Zeit stehen: »Ich halte es für sehr wichtig, den Zeitpunkt nicht zu verpassen und keine Chance zu vertun. Die Partei muss ihre eigene Auffassung haben, ihr eigenes Herangehen vorschlagen. Wenn wir zurückbleiben, bestraft uns das Leben sofort.« Journalisten formten daraus eine griffige Formulierung, die zum geflügelten Wort werden sollte: »Wer zu spät kommt, den bestraft das Leben.«

Michail Gorbatschow vertrat seine Position während seines Besuches auch gegenüber westlichen Journalisten. Nach einer feierlichen Kranzniederlegung beim Mahnmal für die Opfer des Faschismus in der Neuen Wache stellte er sich den Fragen der Reporter und erklärte mit Blick auf die Zustände in der DDR: »In Gefahr gerät, wer die Anstöße aus der Gesellschaft nicht berücksichtigt.«

Neue Wache, Unter den Linden 4, 10117 Berlin

»WIR BLEIBEN HIER!«
PALAST DER REPUBLIK

Nachdem die SED-Führung zusammen mit ihrem Ehrengast Michail Gorbatschow und anderen internationalen Gästen auf einer Tribüne in der Karl-Marx-Allee die Militärparade zum 40. Gründungsjubiläum der DDR abgenommen hatte, wurde am frühen Abend zum feierlichen Festakt in den Palast der Republik geladen. Zur gleichen Zeit sammelten sich am Alexanderplatz zusehends mehr Menschen, die wie jeden 7. des Monats gegen die Fälschungen bei der Kommunalwahl und für demokratische Reformen demonstrierten. Gegen 17.20 Uhr setzte sich ein Protestmarsch in Bewegung, der jedoch vor dem Palast der Republik am Spreeufer gestoppt wurde. Die Demonstranten skandierten »Gorbi, Gorbi«, »Keine Gewalt«, »Neues Forum«, »Demokratie – jetzt oder nie« und – nicht wie oft zuvor – »Wir wollen raus«, sondern »Wir bleiben hier!« Im Palast der Republik hielt sich Andrej Hermlin auf. Er sollte dort im Linden-Restaurant mit seiner Swing Dance Band vor verdienten Arbeitern und Funktionären spielen. Die Anwesenden konnten auf der anderen Seite der Spree die Demonstranten sehen. Hermlin notierte dazu: »Es herrschte eine angespannte Stimmung. Überall im Foyer standen Grüppchen und diskutierten. Jeder spürte, dass etwas in der Luft lag. Die einen hatten Angst vor einer chinesischen Lösung, die anderen vor der Konterrevolution.«

Dessen ungeachtet fand im Großen Saal des Palastes das Festprogramm für die Staatsgäste statt, musikalisch begleitet von den Leipziger Thomanern, einem Chor der Staatsoper und dem Trompeten-Virtuosen Ludwig Güttler. Doch nachdem Gorbatschow die Veranstaltung verlassen und in Schönefeld abgeflogen war, sollten die Machtverhältnisse im Land wieder verdeutlicht werden. Nach dem von Erich Mielke

Eine Frau versucht, eine Demonstrantin während eines Protestzugs vom Alexanderplatz zum Palast der Republik von der Polizeikette wegzuziehen.

verkündeten Motto »Jetzt ist Schluss mit dem Humanismus!« gingen die Sicherheitskräfte in der Nacht des 7. Oktober und am folgenden Tag mit massiver Härte und großer Brutalität im gesamten Land gegen friedliche Demonstranten vor. Allein in Ost-Berlin kam es zu 1.200 »Zuführungen«; viele der Verhafteten wurden in den Gefängnissen drangsaliert.

Im Rückblick hält Andrej Hermlin für diesen Jahrestag der Gründung der DDR fest: »Trotz der Geschehnisse mit den prügelnden Polizisten ist mir von diesem 7. Oktober vor allem eins in Erinnerung geblieben: dieses Raumschiffgefühl im Palast, der völlig abgenabelt war von der Realität in der DDR. Das werde ich nie vergessen, weil es das Ende der DDR, das ja viel früher begonnen hatte, symbolisierte.«

Palast der Republik / Berliner Schloss, Schlossplatz 1, 10178 Berlin

»ICH FÜHLE MICH MORALISCH DURCH DIE ÖFFENTLICHE MEINUNG IN MEINEM LAND, IN DER DDR, REHABILITIERT«

DEUTSCHES THEATER

Im Deutschen Theater fand am Abend des 28. Oktober 1989 eine Veranstaltung statt, die als öffentliche Abrechnung mit dem stalinistischen Erbe der DDR verstanden werden kann: Der Schauspieler Ulrich Mühe las aus »Schwierigkeiten mit der Wahrheit«, einer Publikation von Walter Janka, die einige Wochen zuvor im westdeutschen Rowohlt-Verlag erschienen war. Janka war schon in jungen Jahren im Kommunistischen Jugendverband Deutschlands (KJVD) aktiv gewesen, war von den Nationalsozialisten verfolgt und inhaftiert worden, hatte im Spanischen Bürgerkrieg im Thälmann-Bataillon sowie als Major in der Karl-Marx-Division gedient, in Mexiko den antifaschistisch orientierten Verlag El libro libre für deutschsprachige Exilliteratur geleitet und nach seiner Rückkehr nach Deutschland beim Aufbau-Verlag gearbeitet, dessen Leiter er 1953 geworden war. Im Dezember 1956 erfolgte Jankas Verhaftung wegen angeblich konterrevolutionärer Verschwörung gegen die Regierung von Walter Ulbricht. In einem Schauprozess wurde ihm unter anderem vorgeworfen, er habe das vorgebliche »Haupt der Konterrevolution« des Volksaufstands in Ungarn 1956, Georg Lukács, illegal von Budapest nach Ost-Berlin holen wollen. Janka wurde zu fünf Jahren Zuchthaus verurteilt und in Bautzen inhaftiert, der Stadt, in der er bereits während des Nationalsozialismus eingesperrt worden war.

Im Herbst 1989 trug nun Ulrich Mühe aus »Schwierigkeiten mit der Wahrheit« vor. Darin beschreibt Janka die Aufbruchsstimmung und Diskussionen im Aufbau-Verlag nach Nikita Chruschtschows Rede auf dem XX. Parteitag der KPdSU: »Vereinfacht könnte man sagen, dass wir über die Formen sozialistischer Demokratie gestritten haben, um den

Ulrich Mühe liest aus Walter Jankas Schwierigkeiten mit der Wahrheit *im Deutschen Theater.*

zum Hindernis gewordenen Begriff ›proletarische Diktatur‹ abzulösen. Dem müsste hinzugefügt werden, dass wir vor allem den unter diesem Deckmantel praktizierten Missbrauch der Macht kritisierten. Alle späteren Behauptungen, wir hätten mit diesen Diskussionen die Konterrevolution vorbereitet, waren falsch. Sie dienten der Irreführung und Einschüchterung.«

    Ulrich Mühes Lesung in Anwesenheit von Walter Janka wurde mit lange anhaltendem Applaus bedacht. Die Veranstaltung wurde aufgezeichnet und fand durch die Übertragung im Radio und Fernsehen der DDR landesweit große Beachtung. Und für Walter Janka, der offiziell erst im Januar 1990 rehabilitiert werden sollte, war es auch persönlich eine besondere Veranstaltung: »Ich fühle mich moralisch durch die öffentliche Meinung in meinem Land, in der DDR, rehabilitiert.«

Deutsches Theater, Schumannstraße 13A, 10117 Berlin

»WIDER DEN SCHLAF DER VERNUNFT«

ERLÖSERKIRCHE

»Wider den Schlaf der Vernunft« – unter diesem Leitsatz organisierten Kulturschaffende in der Erlöserkirche am 28. Oktober 1989 eine Manifestation »Gegen Gewalt – für Demokratie«. Hintergrund der Veranstaltung bildeten die Verhaftungen und das schikanöse Verhalten der staatlichen Sicherheitskräfte am 7. und 8. Oktober. Das Motto war eine Anspielung auf Francisco de Goyas Radierung *Der Schlaf der Vernunft gebiert Ungeheuer*. An der fünfstündigen Veranstaltung nahmen etwa 4.500 Menschen teil. Die anwesenden Schriftsteller, darstellenden und bildenden Künstler, Musiker und Wissenschaftler, darunter Volker Braun, Günter de Bruyn, Daniela Dahn, Elke Erb, Heinrich Fink, Günther Fischer, Christoph Hein, Stephan Hermlin, Stefan Heym, Helga Königsdorf, Wolfgang Kohlhaase, Jochen Kowalski, Jochen Laabs, Siegfried Matthus, das Duo Mensching & Wenzel, Heiner Müller, Ulrich Plenzdorf, Jürgen Rennert, Christa Wolf und Ruth Zechlin, wandten sich gegen staatlichen Machtmissbrauch, polizeiliche Willkür und Drangsalierungen von zugeführten Demonstranten.

Auch Opfer der Ausschreitungen der Polizei wie Susanne Boeden kamen zu Wort. Die 18-Jährige hatte am 7. Oktober um 6.15 Uhr gemeinsam mit ihrer zwölfjährigen Schwester Marianne selbstverfasste handgeschriebene Zettel an Häuserwände geklebt. Darauf stand zu lesen: »Werdet aktiv. Tausende Bürger verlassen das Land. Demonstrationen werden niedergeknüppelt. Opposition ist illegal. Eine greise, starre Regierung feiert sich auf unglaubliche, verdächtige Weise (Fackelzug usw.). Stellt sich blind, taub, stumm. Nur wenn wir alle endlich den Mund aufmachen und gemeinsam handeln, gibt es für unser krankes Land Hoffnung.« Schnell wurden die beiden entdeckt und der Volks-

Christa Wolf während der Veranstaltung »Gegen Gewalt – für Demokratie« in der Erlöserkirche.

polizei-Inspektion am Senefelder Platz zugeführt. Neben den polizeilichen Verhören wurden von Marianne und Susanne Boeden Geruchsproben genommen. Von den Polizisten wurden sie schikaniert und demütigend behandelt. Nach dem Bericht von Susanne Boeden in der Erlöserkirche erklärte ihr Vater: »Werdet aktiv, wenn ihr es noch nicht seid, bleibt aktiv für eine bessere sozialistische Gesellschaft, die zugleich humanistisch und demokratisch sein muss.« Daraufhin erhoben sich die 4.500 Anwesenden und applaudierten minutenlang. Später am Abend mutmaßte Christoph Hein, die Sicherheitskräfte hätten sich gegenüber Susanne Boeden so verhalten, »weil sie sicher waren, wir schweigen weiter wie bisher. Wir sind schuldig geworden an diesem Mädchen.«

Erlöserkirche, Nöldnerstraße 43, 10317 Berlin

»OFFENE TÜREN, OFFENE WORTE«

ROTES RATHAUS

Die Forderungen nach Reformen, die bei der Veranstaltung in der Erlöserkirche zur Sprache kamen, waren am nächsten Morgen auch Thema auf dem Platz vor dem Roten Rathaus. Der langjährige Oberbürgermeister von Ost-Berlin, Erhard Krack, hatte zu einem öffentlichen Bürgergespräch unter dem Motto »Offene Türen, offene Worte« in den Magistratssaal des Roten Rathauses eingeladen. Doch angesichts der über 20.000 erschienenen Bürger wurde die Diskussionsveranstaltung auf den Platz vor dem Roten Rathaus verlegt. Dort stellte sich Erhard Krack zusammen mit dem Ersten Sekretär der SED-Bezirksleitung von Ost-Berlin, Günter Schabowski, dem Präsidenten der Ost-Berliner Volkspolizei, Friedhelm Rausch, Vertretern der Blockparteien und weiteren Persönlichkeiten aus Wissenschaft und Kultur über vier Stunden lang den Fragen der Anwesenden. Diskutiert wurde über eine breite Palette von Themen – Privilegien der SED-Funktionäre, Reisefreiheit, der bauliche Zustand der Städte, die Ausbürgerung Wolf Biermanns etc.

Viele Fragen der Bürger bezogen sich auf das Vorgehen der Sicherheitskräfte bei den Demonstrationen am 7. und 8. Oktober. Sie forderten eine Entschuldigung für die polizeilichen Übergriffe und Drangsalierungen. Polizeipräsident Rausch brachte sein tiefes Bedauern über die schikanösen Maßnahmen zum Ausdruck und entschuldigte sich dafür vor den anwesenden Bürgern. Wie bereits am Abend zuvor in der Erlöserkirche von Christa Wolf gefordert, sprach sich Erhard Krack für die Einrichtung einer Untersuchungskommission zur Aufklärung der Übergriffe aus.

Als ein Bürger nachfragte, weshalb die Ministerin für Volksbildung, Margot Honecker, »noch kein Wort zu nötigen Veränderungen

Günter Schabowski (links) beim Bürgergespräch »Offene Türen, offene Worte« vor dem Roten Rathaus.

im Volksbildungswesen gesagt« habe, wich Schabowski aus, da er über nicht anwesende Personen nicht sprechen wollte. Zwei Tage zuvor hatte Christa Wolf in einem vielbeachteten Beitrag in der *Wochenpost* kritisiert, »dass unsere Kinder in der Schule zur Unwahrhaftigkeit erzogen und in ihrem Charakter geschädigt werden, dass sie gegängelt, entmündigt und entmutigt werden«. Vier Tage nach dem Bürgergespräch wurde im DDR-Fernsehen erklärt, der Ministerrat habe der Bitte von Margot Honecker, sie aus persönlichen Gründen von ihrer Funktion als Ministerin für Volksbildung zu entbinden, entsprochen.

Schließlich sprach sich Günter Schabowski vor dem Roten Rathaus für angemeldete Demonstrationen aus und machte damit den Weg frei für die größte Protestveranstaltung in Ost-Berlin am 4. November.

Rotes Rathaus, Rathausstraße 15, 10178 Berlin

»WIR WOLLEN NEU LERNEN, WAS SOZIALISMUS FÜR UNS HEISSEN KANN«

KÖNIGIN ELISABETH HOSPITAL

Kurze Zeit nach Gründung des NF und von DJ formierte sich eine weitere Oppositionsgruppe: Der Erfurter Theologe Edelbert Richter erklärte Mitte September 1989 die Gründung des Demokratischen Aufbruchs (DA). Zu den Initiatoren dieser Sammlungsbewegung gehörten weiterhin Rainer Eppelmann, Ehrhart Neubert, Rudi Pahnke, Wolfgang Schnur, Friedrich Schorlemmer, Thomas Sell, Harald Wagner und Thomas Welz, die bereits im August bei einem Treffen in Dresden als Namen der Gruppe »Demokratischer Aufbruch – sozial + ökologisch« beschlossen hatten. In einem Interview mit der West-Berliner *tageszeitung* betonte Richter, dass die inhaltlichen Differenzen zu anderen Oppositionsgruppen wie dem NF und der gerade gegründeten SDP nicht gravierend seien. Allerdings wollte Richter die Plattform des DA nicht so breit definieren wie das NF: »Hier liegt vielleicht ein Unterschied. Nicht nur das Wort sozialistisch, sondern auch bestimmte gesellschaftliche Prinzipien des Sozialismus haben für uns nach wie vor einen guten Klang. Rechte Gedankengänge sind damit ausgeschlossen.« Im Gründungsaufruf des DA vom 1. Oktober wurde die »demokratische Umgestaltung« der DDR im Hinblick auf die politischen, wirtschaftlichen, ökologischen und sozialen Verhältnisse gefordert: »Wir wollen neu lernen, was Sozialismus für uns heißen kann.«

Nach einer von der Stasi massiv behinderten Gründungsveranstaltung am 1. Oktober konnte sich der DA schließlich am 29. Oktober 1989 im Lichtenberger Königin Elisabeth Hospital konstituieren. Der DA beteiligte sich ab Dezember am zentralen Runden Tisch, gründete sich in Leipzig als Partei und nahm eine politische Umorientierung vor – die sozialistische Perspektive wurde hintangestellt und eine markt-

Wolfgang Schnur (rechts) gibt auf einer Pressekonferenz den Termin des Gründungsparteitages des DA bekannt. Von links Günter Nooke, Otto Graf Lambsdorff und Rainer Eppelmann.

wirtschaftliche Orientierung vorgenommen. Entsprechend schloss sich der DA mit der ehemaligen Blockpartei CDU und der DSU für die Volkskammerwahlen im März 1990 zur Allianz für Deutschland zusammen. Vier Tage vor der Wahl kam es für den DA zu einer verheerenden Enthüllung: Der Parteivorsitzende, Wolfgang Schnur, wurde als IM der Stasi enttarnt. Rainer Eppelmann trat kommissarisch seine Nachfolge an. Ihm kam sogleich die politisch und persönlich bittere Aufgabe zu, zusammen mit der Pressesprecherin des DA, Angela Merkel, die Öffentlichkeit über die Enttarnung des IM »Torsten« bzw. »Dr. Ralf Schirmer« zu informieren. Der DA, der mit dem Slogan »Die ehrliche Alternative« geworben hatte, erhielt in der Folge bei der Volkskammerwahl nur 0,9 Prozent der Stimmen.

Königin Elisabeth Hospital / Evangelisches Krankenhaus Königin Elisabeth Herzberge, Herzbergstraße 79, 10365 Berlin

»ES IST, ALS HABE EINER DIE FENSTER AUFGESTOSSEN ...«

ALEXANDERPLATZ

Der Niedergang der SED-Herrschaft wurde bei der ersten genehmigten nichtstaatlichen Demonstration in der DDR augenfällig. Der Verband der Theaterschaffenden hatte für den 4. November 1989 um 10 Uhr zu einer »Demonstration gegen Gewalt und für verfassungsmäßige Rechte« am Treffpunkt ADN-Gebäude aufgerufen. Dort versammelten sich zehntausende Menschen und zogen am Palast der Republik vorbei zum Alexanderplatz, wo ebenfalls bereits zehntausende zusammengekommen waren. Die Demonstranten hatten vielfältige Transparente dabei. An die Fassade des Staatsratsgebäudes wurde ein Plakat mit der Aufschrift befestigt: »Pluralismus statt Parteimonarchie«. Dies geschah unter den Augen der kaum präsenten Polizei, mit der die Organisatoren der Protestveranstaltung eine Sicherheitspartnerschaft geschlossen hatten. Die Veranstalter stellten ihrerseits hunderte Ordner bereit, die Schärpen mit der Aufschrift »Keine Gewalt« trugen, um zur Sicherheit der etwa 300.000 Teilnehmer beizutragen. Die Kundgebung auf dem Alexanderplatz wurde live übertragen, sodass an diesem Sonnabend Millionen Menschen die etwa dreistündige Veranstaltung verfolgen konnten.

Zunächst trugen Schauspieler wie Marion van de Kamp, Johanna Schall, Ulrich Mühe und Jan Josef Liefers kurze Beiträge vor, in denen u. a. Artikel der DDR-Verfassung zitiert wurden. Rechtsanwalt Gregor Gysi wandte sich gegen jedweden Machtmissbrauch. Als Gründungsmitglied des NF trat Jens Reich auf, die Mitbegründerin der IFM, Marianne Birthler, ging auf die Übergriffe der Sicherheitskräfte am 7. Oktober ein und forderte die Rehabilitierung der Opfer. Von der DDR-Nomenklatura trugen der SED-Bezirkssekretär Günter Scha-

Großdemonstration am 4. November 1989 durch Ost-Berlin zum Alexanderplatz.

bowski und Generaloberst a. D. der Stasi, Markus Wolf, Reden vor, die durch Missfallensbekundungen des Publikums unterbrochen wurden. Weitere namhafte Künstler und Intellektuelle wie Lothar Bisky, Christoph Hein, Tobias Langhoff, Heiner Müller, Ekkehard Schall, Friedrich Schorlemmer, Steffi Spira, Joachim Tschirner und Christa Wolf traten gegen das Machtmonopol der SED und für demokratische Reformen wie Presse-, Meinungs- und Versammlungsfreiheit ein. Stefan Heym brachte die Atmosphäre der Großdemonstration und die derzeitige Stimmung im Land bildhaft zum Ausdruck: »Es ist, als habe einer die Fenster aufgestoßen nach all den Jahren der Stagnation, der geistigen, wirtschaftlichen, politischen. Den Jahren von Dumpfheit und Mief, von Phrasengewäsch und bürokratischer Willkür, von amtlicher Blindheit und Taubheit.«

Alexanderplatz, 10178 Berlin

»DAS TRITT NACH MEINER KENNTNIS ... IST DAS SOFORT, UNVERZÜGLICH«

INTERNATIONALES PRESSEZENTRUM

Die anhaltende Fluchtbewegung vieler DDR-Bürger über Ungarn und die Tschechoslowakei in die Bundesrepublik zwang die SED-Führung zum Handeln. Deshalb beauftragte das Politbüro den Ministerrat mit der Ausarbeitung einer Reiseverordnung, die eine geregelte Ausreise von DDR-Bürgern mit Visa vorsah. Die Ausfertigung eines Visums war jedoch an einen Reisepass gebunden, den nur ein geringer Teil der Bevölkerung besaß. Da Antragstellung und Ausfertigung eines Reisepasses mehrere Wochen in Anspruch nahmen, würde sich entsprechend die Ausreisemöglichkeit vieler Bürger erheblich hinziehen – so das Kalkül.

Doch am 9. November 1989 kam alles anders. Politbüro und ZK der SED hatten am Nachmittag dem Entwurf der Reiseverordnung zugestimmt. Politbüro-Mitglied Günter Schabowski erhielt von Egon Krenz das Papier mit der Aufgabe, die neuen Bestimmungen auf einer für 18 Uhr angesetzten Pressekonferenz zu übermitteln. Doch als Schabowski das Presseamt der DDR im Haus Stern in der Mohrenstraße betrat, war er mit dem Wortlaut der Reiseverordnung nicht vertraut – er war bei der Sitzung des Politbüros nicht anwesend gewesen. Deshalb konnte er auf die Fragen der Journalisten während der Pressekonferenz, die live im DDR-Fernsehen übertragen wurde, bisweilen nur unsicher Antwort geben. Nachdem Schabowski erklärt hatte, dass nun »ständige Ausreisen« über »alle Grenzübergangsstellen der DDR zur BRD erfolgen« könnten, wurde er von einem Journalisten gefragt, wann diese Regelung in Kraft trete. Schabowski blätterte unsicher in seinen Papieren. Die Sperrfrist der Bekanntgabe der Reiseverordnung am Ende des Papiers übersah er offensichtlich. Schabowskis Antwort

Pressekonferenz von Günter Schabowski am 9. November 1989.

kam zögerlich und schrieb Weltgeschichte: »Das tritt nach meiner Kenntnis ... ist das sofort, unverzüglich.«

Es war 19 Uhr. In Berlin wie in Deutschland insgesamt brach ein neues Zeitalter an. Denn Schabowski hatte mit seinen uneindeutigen Darlegungen bezüglich der Reiseverordnung einen Interpretationsspielraum eröffnet, der im Westen bei den Medien als Ankündigung zur »Grenzöffnung« gedeutet wurde. So untertitelte die ARD-*Tagesschau* um 20 Uhr ihren Beitrag zu der Pressekonferenz: »DDR öffnet Grenze«. Die neuen Reiseregelungen, von Politbüro und ZK der SED zur Eindämmung der Fluchtbewegung gedacht, lösten das Gegenteil aus – einen Dammbruch, der zur Öffnung der DDR-Grenzen, zum Fall der Berliner Mauer, zum Ende des SED-Regimes und zur Wiedervereinigung der beiden deutschen Staaten führte.

Internationales Pressezentrum / Bundesministerium der Justiz und für Verbraucherschutz, Mohrenstraße 37/38, 10117 Berlin

»WIR FLUTEN JETZT! WIR MACHEN ALLES AUF!«

BÖSEBRÜCKE

Die mediale Berichterstattung über die Äußerungen Günter Schabowskis während der Pressekonferenz zu neuen Reiseregelungen am 9. November 1989 bewirkte, dass sich im Verlauf des Abends mehr und mehr Menschen an den innerstädtischen Kontrollpunkten einfanden – auf der Ost- wie auf der Westseite. Völlig überrascht und überfordert waren von dem Andrang die Ost-Berliner Grenzschützer. Sie versuchten zwar, von höherer Ebene Auskünfte zu erhalten, wie sie sich angesichts der unübersichtlichen Situation verhalten sollten. Doch war von den oberen Dienststellen niemand zu erreichen, der eine adäquate Antwort hätte geben können. Zugleich forderten nun viele Ost-Berliner mit Nachdruck, dass sie die Grenze nach West-Berlin passieren durften.

Am Grenzübergang Bornholmer Straße im Bezirk Prenzlauer Berg drängten kurz nach 19 Uhr immer mehr Menschen auf den Durchlass zum westlichen Ortsteil Gesundbrunnen. Unter ihnen war Aram Radomski, der sich gleich nach der ominösen Mitteilung Schabowskis auf den Weg zum Grenzübergang gemacht hatte. Radomski war 1983 auf der Grundlage falscher Beschuldigungen zu einer sechsmonatigen Gefängnisstrafe verurteilt worden. Danach drehte er zusammen mit dem Journalisten Siegbert Schefke in der gesamten DDR Dokumentarfilme und übermittelte diese an westdeutsche Medien. Nachdem Radomski am Grenzübergang Bornholmer Straße mehrfach mit seinem Wunsch abgewiesen worden war, die Grenze zu passieren, verlangte er den diensthabenden Offizier zu sprechen. Dieser erklärte daraufhin, wer wolle, könne gehen. So gelangten kurz nach 21 Uhr die ersten DDR-Bürger durch eine Gittertür auf die Bösebrücke, die die Ortsteile

Grenzübergang Bornholmer Straße, 9. November 1989.

Prenzlauer Berg und Gesundbrunnen verbindet. Was die ersten Ausreisenden nicht wussten – ihr Personalausweis war beim Grenzübertritt ungültig gestempelt worden.

Im Verlauf des Abends wurde der Andrang von Ost-Berlinern an der Bösebrücke schließlich so stark, dass der leitende Offizier der MfS-Passkontrolle, Oberstleutnant Edwin Görlitz, gegen 23.30 Uhr die Kontrollen einstellte, die Schlagbäume öffnete und erklärte: »Wir fluten jetzt! Wir machen alles auf!« Damit stand der erste Ost-Berliner Grenzübergang frei zur Passage in den Westen der Stadt. Gegen Mitternacht folgten auch die anderen Übergänge. Abertausende Ost- und West-Berliner lagen sich in den Armen und feierten ein Ereignis, das so niemand geahnt oder vorhergesehen hatte: 28 Jahre nach ihrem Bau fiel das Symbol der Teilung Deutschlands – die Berliner Mauer war Geschichte.

Bösebrücke, Bornholmer Straße, 10439 Berlin

»JETZT SIND WIR IN EINER SITUATION, IN DER WIEDER ZUSAMMENWÄCHST, WAS ZUSAMMENGEHÖRT«

RATHAUS SCHÖNEBERG

Noch in der Nacht des 9. November 1989 und am gesamten nächsten Tag strömten die Berliner aus Ost und West zu den Grenzübergängen und feierten den Fall der Mauer. Die Bilder von fröhlichen Menschen auf der Mauer und von Trabis in West-Berlin rührten nicht nur Deutsche, sondern Menschen in der ganzen Welt. Vor Sparkassen und Banken bildeten sich lange Schlangen, denn der Regierende Bürgermeister Walter Momper hatte bereits in der Nacht die Auszahlung eines Begrüßungsgeldes an DDR-Bürger in Höhe von 100 DM angeordnet.

Willy Brandt, der 1961 als Regierender Bürgermeister ohnmächtig die Teilung der Stadt hatte hinnehmen müssen, war schon am Morgen nach dem Mauerfall mit einer britischen Militärmaschine nach Berlin geflogen. Am Brandenburger Tor wurde der Berliner Ehrenbürger von tausenden Menschen begeistert empfangen und hielt eine kurze Ansprache. Für den Abend war Brandt zu einer Sitzung des Berliner Abgeordnetenhauses im Schöneberger Rathaus eingeladen. Zuvor gab er – neben zahlreichen anderen nationalen und internationalen Medien – dem SFB für die Sendung *Mittagsecho* des Hörfunks ein Interview im Schöneberger Rathaus, das später auch von anderen deutschen Rundfunkstationen gesendet wurde. Die darin enthaltene Botschaft wurde zum geflügelten Wort: »Dies war ein langer Weg, wir sind auch noch nicht am Ende des Weges. Und trotzdem ist es ein schöner Tag, weil sich bestätigt, dass die widernatürliche Trennung nicht Bestand hat. Sie haben recht, ich hab hier oft gestanden, vor allen Dingen am 16. August 1961, kann ich mich erinnern, da haben wir unsern Zorn, unsere Ohnmacht hinausgeschrien. Jetzt sind wir in einer Situation, in der wieder zusammenwächst, was zusammengehört. Das gilt für Eu-

Kundgebung vor dem Rathaus Schöneberg anlässlich der Öffnung der Mauer. Von links nach rechts: Willy Brandt, Walter Momper, Helmut Kohl und Hans-Jochen Vogel, 10. November 1989.

ropa im Ganzen. Die Winde der Veränderung, die über Europa ziehen, konnten nicht an Deutschland vorbeiziehen.«

Am Abend fand gegen 19 Uhr auf dem John-F.-Kennedy-Platz vor dem Rathaus Schöneberg eine Großkundgebung statt, zu der der Berliner Senat anlässlich des Mauerfalls eingeladen hatte. Zu den mehr als 20.000 Menschen sprachen Bundeskanzler Helmut Kohl, der Regierende Bürgermeister Walter Momper, Bundesaußenminister Hans-Dietrich Genscher sowie der ehemalige Regierende Bürgermeister und Altkanzler Willy Brandt. Bundeskanzler Kohl wandte sich dabei direkt an die Führung der SED: »Ich appelliere an die Verantwortlichen in der DDR: Verzichten Sie jetzt auf Ihr Machtmonopol! Geben Sie den Weg frei für die Willensbildung des Volkes durch das Volk und für das Volk!«

Rathaus Schöneberg, John-F.-Kennedy-Platz, 10825 Berlin

»BESTANDTEIL DER ÖFFENTLICHEN KONTROLLE IN UNSEREM LAND«

DIETRICH-BONHOEFFER-HAUS

Die politische Situation in der DDR war nach dem Fall der Mauer völlig instabil und unübersichtlich. Deshalb bemühte sich die Oppositionsbewegung, ihren Beitrag zu einer friedlichen Transformation des politischen Systems beizusteuern. So erklärte der Mitbegründer der IFM, Gerd Poppe, aus der Perspektive der Bürgerrechtsbewegung im Rückblick: »Nach dem Fall der Mauer drohte die Situation ein bisschen aus dem Ruder zu laufen. Das heißt, wir waren erstens an einer Stabilisierung des Landes interessiert und zweitens an der Machtfrage, also zumindest der Kontrolle der damaligen Regierung.« Dazu orientierte sich die Oppositionsbewegung an der politischen Entwicklung in Polen, wo seit Februar 1989 im Palais Radziwiłł in Warschau Gespräche zwischen der kommunistischen Parteiführung mit Vertretern des Gewerkschaftsbundes Solidarność an einem Runden Tisch stattfanden. Auf Initiative der Bürgerbewegung Demokratie Jetzt forderten bereits einen Tag nach dem Mauerfall Vertreter von DJ, DA, der Gründungsinitiative Grüne Partei, der IFM und der SDP »angesichts der krisenhaften Situation in unserem Land« die Einrichtung eines Runden Tisches.

Es dauerte jedoch noch fast einen Monat, bis die erste Sitzung des zentralen Runden Tisches am 7. Dezember 1989 im Dietrich-Bonhoeffer-Haus stattfinden konnte. Nun setzten sich paritätisch Vertreter des alten Regimes und Mitglieder von DJ, DA, IFM, NF, SDP, Vereinigte Linke (VL) sowie der Grünen Partei (GP) zu Gesprächen an einen (rechteckigen) Tisch, die von Kirchenvertretern moderiert wurden. Zentrales Anliegen der Vertreter der Bürgerbewegung bei den Verhandlungen war die demokratische Umgestaltung der DDR. Hierzu wurde bereits in der ersten Sitzung beschlossen, freie Volkskammerwahlen durchzu-

Die ersten Gespräche am Runden Tisch im Dietrich-Bonhoeffer-Haus, 7. Dezember 1989.

führen und eine Verfassung für die DDR zu erstellen. Darüber hinaus verstand sich der Runde Tisch als »Bestandteil der öffentlichen Kontrolle in unserem Land«.

Da die Räumlichkeiten im Dietrich-Bonhoeffer-Haus nicht ausreichen, fanden die Verhandlungen des zentralen Runden Tisches von der vierten Sitzung an im Schloss Schönhausen statt. Die Institution diente als Vorbild für die Einrichtung einer Vielzahl weiterer Runder Tische auf unterschiedlichen politischen Ebenen. Da die Vertreter des zentralen Runden Tisches nicht durch Wahlen legitimiert waren, fand die letzte Sitzung am 12. März 1990 statt – unmittelbar vor der letzten und einzigen freien Wahl zur Volkskammer am 18. März.

Dietrich-Bonhoeffer-Haus / Hotel Dietrich-Bonhoeffer-Haus,
Ziegelstraße 30, 10117 Berlin

»ICH WAR ÜBERZEUGT, DIESER GEIST WIRD NIE MEHR AUS DIESEM GEMÄUER WEICHEN«

HAUS DER DEMOKRATIE

Der zentrale Runde Tisch hatte zwar die Durchführung von freien Wahlen zur Volkskammer beschlossen. Doch wie sollte gewährleistet werden, dass die oppositionellen Bürgerrechtsgruppen faire Chancen für den Wahlkampf bekamen? Deshalb war bei der ersten Sitzung des zentralen Runden Tisches die Forderung nach gleichwertigen Arbeitsbedingungen für die Bürgerbewegung aufgekommen. Gregor Gysi, Vorsitzender der SED-PDS und Vertreter seiner Partei am Runden Tisch, bot vor diesem Hintergrund das Gebäude der Kreisleitung der SED-PDS Berlin-Mitte in der Friedrichstraße an. Entsprechend stellte der DDR-Ministerrat mit Beschluss vom 21. Dezember 1989 dieses Gebäude der Bürgerrechtsbewegung zur Unterstützung ihrer Arbeit möbliert zur Verfügung. Die dazu erforderliche Büroausstattung sollte von den oppositionellen Parteien und Gruppen beim Sekretariat des Ministerrates angefordert werden und würde »gegebenenfalls durch Umverteilung zur Verfügung gestellt«. Auch könnten zur Verbesserung ihrer Arbeitsmöglichkeiten »jeder der neuen Parteien und politischen Gruppen zwei Pkw aus dem Bestand des Sekretariats des Ministerrates zur Verfügung gestellt werden«.

Als Ulrike Poppe, Vertreterin von DJ am zentralen Runden Tisch, das Haus zum erstem Mal betrat, bekam sie Beklemmungen: »Wir liefen durch die engen, fensterlosen Gänge und ich erinnere mich an Erstickungsgefühle. Nein, hier wollte ich nicht einziehen. Ich sehnte mich plötzlich nach unseren Küchen und Wohnzimmern. In den Büroräumen sahen wir die Angestellten der SED beim Packen. Wen kann es verwundern, dass sie uns nicht gerade freundlich begrüßten? Ich war überzeugt, dieser Geist wird nie mehr aus diesem Gemäuer weichen.

Das Haus der Demokratie in der Friedrichstraße.

Aber die Zeit war knapp, der Wahlkampf musste beginnen. Die wahnsinnigen Anforderungen dieser Zeit, in der die Zeiger der Uhren sich in dreifachem Tempo zu drehen schienen, ließen uns keine Möglichkeit, über den SED-Geist im Gemäuer groß nachzudenken.«
Am 10. Januar 1990 konnten die oppositionellen Parteien und Gruppen der Bürgerbewegung die Räumlichkeiten des ehemaligen SED-Gebäudes beziehen: DJ, IFM, DA, GL, GP, SDP, VL und UFV füllten nun mit ihren Aktivitäten das »Haus der Demokratie« mit neuem politischen Geist und Leben. Nach der Vereinigung der beiden deutschen Staaten wurden die Eigentumsverhältnisse für das Gebäude neu geklärt. Die Gruppen zogen deshalb in ein Haus in der Greifswalder Straße, wo das »Haus der Demokratie und Menschenrechte« noch heute besteht.

Haus der Demokratie / Geschäftshaus, Friedrichstraße 165, 10117 Berlin

»MIT FANTASIE UND OHNE GEWALT«

MINISTERIUM FÜR STAATSSICHERHEIT

Eine der zentralen Forderungen der Oppositionsbewegung nach dem Fall der Mauer war die demokratische Kontrolle bzw. die Abschaffung des MfS. Dieses Ministerium stellte das zentrale Repressionsinstrument der SED-Parteidiktatur dar. Dem eigenen Verständnis nach war es »Schild und Schwert der Partei« – die Stasi schützte als Instrument der SED die Herrschaft der Partei und ging aktiv gegen wirkliche oder vermeintliche Gegner des Regimes vor. Zahllose Menschen hatten seit Gründung des MfS bis zum Fall der Mauer die Maßnahmen des Unterdrückungsapparates zu spüren bekommen – durch Bespitzelung, Verhöre, Inhaftierung und Ausweisung. In der Verantwortung der Stasi lagen auch die Durchführung von Mordanschlägen gegen Kritiker des SED-Regimes im Westen und die Unterstützung der Roten Armee Fraktion (RAF).

Kurz nach dem Fall der Mauer wurde das MfS unter der Regierung von Hans Modrow am 18. November 1989 in Amt für Nationale Sicherheit (AfNS) umbenannt. Doch der Namenswechsel änderte nichts an der grundsätzlichen Kritik der Bürgerbewegung an dem staatlichen Repressionsinstrument. Die Stasi ihrerseits begann mit der umfänglichen Vernichtung von Akten, was der Opposition jedoch nicht verborgen blieb. Deshalb besetzten engagierte Bürger am 4. Dezember 1989 in Erfurt, Leipzig und anderen Orten die Bezirks- und Kreisniederlassungen der Stasi und verhinderten so die weitere Vernichtung von Akten, Karteien und Datenträgern. In Berlin, wo sich in Lichtenberg das Zentrum des Repressionsapparats befand, rief am 15. Januar 1990 das NF zu einer Demonstration unter dem Motto »Mit Fantasie und ohne Gewalt« und zu einer »Aktionskundgebung« vor der Behörde auf,

Besetzung der MfS-Zentrale in Ost-Berlin am 15. Januar 1990.

die nach wie vor tätig war. So versammelten sich am Nachmittag über 10.000 Menschen vor der Stasi-Zentrale. Einige führten Transparente bei sich, auf denen zu lesen war: »Schluss mit Stasi u. SED, Diktatur und Nazismus – viel Unrecht und Leid klagt euch an« und »Nennt die Namen der Spitzel!«. Unter bis heute nicht geklärten Umständen gelangten Demonstranten in das Gebäude. Zur gleichen Zeit tagte der zentrale Runde Tisch. Als dort die Ereignisse in der Stasi-Zentrale bekannt wurden, eilten die Teilnehmer der Sitzung zusammen mit Ministerpräsident Modrow in die Normannenstraße, wo es ihnen gelang, die aufgeheizte Stimmung zu beruhigen. Die Besetzung der Berliner Zentrale läutete das Ende des Staatssicherheitsdienstes ein. Heute befindet sich in der ehemaligen Zentrale des DDR-Unterdrückungsapparates das Stasimuseum.

Ministerium für Staatssicherheit / Stasimuseum,
Ruschestraße 103, 10365 Berlin

»ANGEMASSTE POLITISCHE UND ÖKONOMISCHE MACHT MISSBRAUCHT«

GEFÄNGNIS RUMMELSBURG

Am 29. Januar 1990 wurde in die Haftanstalt Rummelsburg ein ungewöhnlicher Gefangener eingeliefert: Erich Honecker, bis vor einem Vierteljahr als Generalsekretär des ZK der SED und Staatsratsvorsitzender der mächtigste Mann in der DDR, wurde am frühen Morgen in das Gefängnis verbracht, wo noch am Nationalfeiertag der DDR am 7. Oktober 1989 Demonstranten eingesperrt worden waren, die friedlich für Reformen im SED-Staat protestiert hatten. Tatsächlich boten die Ereignisse rund um den 40. Jahrestag der DDR, die damit einhergegangenen Protestaktionen und der massive Einsatz der Polizei, den konkreten Anlass für das Politbüro, den langjährigen Generalsekretär am 17. Oktober 1989 zum Rücktritt zu zwingen. Maßgeblich beteiligt an dem Coup waren die Politbüromitglieder Egon Krenz, Wolfgang Herger, Günter Schabowski und Willi Stoph. Honecker, der 1971 durch eine ähnliche putschartige Aktion Walter Ulbricht zum Rücktritt gezwungen hatte und so an die Macht gekommen war, musste nun am 18. Oktober 1989 vor dem außerplanmäßig einberufenen ZK der SED seinerseits erklären: »Nach reiflicher Überlegung und im Ergebnis der gestrigen Beratung im Politbüro bin ich zu folgendem Entschluss gekommen: In Folge meiner Erkrankung und nach überstandener Operation erlaubt mir mein Gesundheitszustand nicht mehr den Einsatz an Kraft und Energie, den die Geschicke der Partei und des Volkes heute und künftig verlangen.« Zum Nachfolger von Honecker als Generalsekretär wählte das ZK per Akklamation Egon Krenz. Zwei Tage später musste auch Margot Honecker, seit 1963 Ministerin für Volksbildung, zurücktreten.

Von Dezember 1989 an ermittelte die Staatsanwaltschaft gegen den ehemaligen Generalsekretär. Der Verdacht: Honecker habe seine »an-

Die Haftanstalt Rummelsburg, 1990.

gemäßte politische und ökonomische Macht« und seine »Verfügungsbefugnisse als Generalsekretär des ZK der SED zum Vermögensvorteil für sich und andere missbraucht«. Nachdem sich Erich Honecker in der Charité einer Krebsoperation unterzogen hatte und am frühen Morgen des 29. Januar 1990 entlassen worden war, verhafteten ihn Volkspolizisten vor dem Eingang des Krankenhauses und verbrachten ihn in die aus wilhelminischer Zeit stammende Haftanstalt in der Rummelsburger Bucht. Bereits einen Tag später durfte Honecker wegen Haftunfähigkeit die Anstalt wieder verlassen. Da er die ihm zugewiesene Wohnung in Friedrichshain aus Sicherheitsbedenken ablehnte, fand Honecker gemeinsam mit seiner Frau bei Pfarrer Uwe Holmer im brandenburgischen Lobetal für zwei Monate Asyl.

Gefängnis Rummelsburg / Informations- und Gedenkort Rummelsburg,
Hauptstraße 8, 10317 Berlin

»ES WIRD KEINE DDR MEHR GEBEN«

PLATZ DES 18. MÄRZ

Der zentrale Runde Tisch hatte bereits bei seiner ersten Sitzung im Dezember 1989 beschlossen, erstmals freie Wahlen zur Volkskammer in der DDR durchzuführen. Die Volkskammer war das Parlament in der DDR und tagte zwischen zwei- und viermal im Jahr, zunächst 1950 bis 1976 im Langenbeck-Virchow-Haus in der Luisenstraße, seit 1976 im kleinen Saal des Palastes der Republik. Bis zum Fall der Berliner Mauer basierte die Wahl auf Einheitslisten der Nationalen Front. Vorgesehen waren die ersten demokratischen Wahlen zur Volkskammer für den 6. Mai 1990. Doch die sich sehr rasch verändernden politischen Rahmenbedingungen – verstärkte Abwanderung von DDR-Bürgern in den Westen und Rufe nach Einführung der D-Mark, Zehn-Punkte-Programm von Bundeskanzler Helmut Kohl vom 28. November 1989 und prinzipielle Einigung mit den Alliierten auf Zwei-plus-Vier-Verhandlungen am 13. Februar 1990 in Ottawa – erforderten das schnelle Zustandekommen einer demokratisch legitimierten Regierung in der DDR. Deshalb wurden die Wahlen zur Volkskammer auf den 18. März 1990 vorgezogen.

Insgesamt traten 24 Parteien und Wahlbündnisse zur Volkskammerwahl an. Darunter waren die Allianz für Deutschland – ein Zusammenschluss der ehemaligen Blockpartei CDU, der DSU (der CSU nahe stehend) und des DA –, die SDP, die bereits unter dem Namen SPD zur Wahl antrat, die PDS (ehemals SED), die DDR-Oppositionsgruppen NF, DJ und IFM als Bündnis 90 sowie der Bund Freier Demokraten bestehend aus der früheren Blockpartei LDPD und FDP. Entgegen der Wahlprognosen, die einen Sieg der Sozialdemokraten voraussahen, lag im Ergebnis die Allianz für Deutschland mit 48 Prozent der Stimmen klar

Lothar de Maizière in einem Interview nach den Wahlen zur Volkskammer.

vorn, die SPD wurde mit knapp 22 Prozent zweitstärkste Kraft. Damit hatten die Wähler ihren Willen deutlich zum Ausdruck gebracht: Die Allianz für Deutschland stand für eine zeitnahe Wiedervereinigung der beiden deutschen Staaten, womit viele Menschen die schnelle Erreichung von Wohlstand und sozialer Sicherung verbanden. Der Schriftsteller Stefan Heym resümierte am Abend des 18. März nach Bekanntgabe der Wahlergebnisse: »Es wird keine DDR mehr geben. Sie wird nichts sein als eine Fußnote in der Weltgeschichte.« Aus der Wahl zur Volkskammer ging eine Große Koalition der Allianz für Deutschland, der SPD und den Liberalen hervor, der Lothar de Maizière als Ministerpräsident der DDR vorstand.

Heute erinnert der Platz des 18. März vor dem Brandenburger Tor an die erste demokratische Volkskammerwahl – und an die Barrikadenkämpfe der Märzrevolution 1848.

Platz des 18. März, 10117 Berlin

»DIE ANERKENNUNG DER GRENZE ALS KLARE FOLGE DES ZWEITEN WELTKRIEGS«

SCHLOSS SCHÖNHAUSEN

Das Ergebnis der ersten freien Wahl zur Volkskammer mit einer Wahlbeteiligung von 93,4 Prozent hatte eine eindeutige Präferenz der über zwölf Millionen stimmberechtigten DDR-Bürger für eine rasche Vereinigung deutlich gemacht. Entsprechend wurde der Wahlerfolg der Allianz für Deutschland auch international als eine Bestätigung des Willens der Menschen in der DDR gewertet, die deutsche Einheit herzustellen. Die Alliierten des Zweiten Weltkriegs, die aufgrund ihrer Hoheitsrechte die staatliche Souveränität der beiden deutschen Staaten bislang einschränkten, mussten sich nun zeitnah mit den äußeren Aspekten der deutschen Einheit auseinandersetzen. Hierzu wurden die sogenannten Zwei-plus-Vier-Verhandlungen geführt, zu deren Auftakt die Außenminister der beiden deutschen Staaten, Hans-Dietrich Genscher (BRD) und Markus Meckel (DDR) mit James A. Baker (USA), Roland Dumas (Frankreich), Douglas Hurd (Großbritannien) und Eduard Schewardnadse (UdSSR) am 5. Mai 1990 in Bonn zusammentrafen.

Die Fortsetzung der Gesprächsrunde fand am 22. Juni 1990 im Schloss Schönhausen statt, dem Gästehaus der DDR. Eine zentrale Frage bei den Zwei-plus-Vier-Verhandlungen war, in welchen äußeren Grenzen das Staatsgebiet des wiedervereinigten Deutschland verlaufen sollte. Hier gab es bei den deutschen Verhandlungspartnern unterschiedliche Perspektiven im Hinblick auf die Anerkennung der künftigen deutsch-polnischen Grenze. Der damalige DDR-Außenminister Markus Meckel erklärte dazu: »Für uns war wichtig die Anerkennung der Grenze nicht als Preis der deutschen Einheit, wie Helmut Kohl das formulierte, sondern in eigener Souveränität als klare Folge des Zweiten Weltkriegs und all des Furchtbaren, das von Deutschland ausgegangen war.«

Zweite Gesprächsrunde der Außenminister im Schloss Schönhausen. Von links: Roland Dumas, Hans-Dietrich Genscher, James Baker, Markus Meckel, Eduard Schewardnadse und Douglas Hurd.

Im Verlauf der Gespräche konnten auch Vorbehalte der britischen Premierministerin Margaret Thatcher und des französischen Präsidenten François Mitterrand gegenüber der stärkeren politischen und wirtschaftlichen Macht, die Deutschland durch die Vereinigung erlangen würde, ausgeräumt werden. Beim letzten Zwei-plus-Vier-Außenministertreffen in Moskau am 12. September 1990 wurde schließlich der »Vertrag über die abschließende Regelung in Bezug auf Deutschland« unterzeichnet. Deutschland erhielt damit seine volle Souveränität zurück, seine Außengrenzen (einschließlich der Oder-Neiße-Grenze) wurden festgeschrieben, die deutschen Streitkräfte auf 370.000 Mann reduziert und die sowjetischen Truppen auf dem Gebiet der DDR mussten bis spätestens 1994 abgezogen werden.

Schloss Schönhausen, Tschaikowskistraße 1, 13156 Berlin

»KOMMT DIE D-MARK, BLEIBEN WIR, KOMMT SIE NICHT, GEHN WIR ZU IHR!«

ALTES STADTHAUS

Parallel zu den Zwei-plus-Vier-Gesprächen mit den ehemaligen Alliierten verhandelten Vertreter der beiden deutschen Staaten über die Herstellung der inneren Einheit Deutschlands. Die Vereinigung war in zwei Schritten vorgesehen: Zunächst sollte die Währungs-, Wirtschafts- und Sozialunion zwischen der BRD und der DDR erfolgen, auf deren wirtschaftspolitischer Grundlage – vorbehaltlich des Abschlusses des Zwei-plus-Vier-Vertrages – die deutsche Einheit geschaffen werden konnte.

Die hohen Abwanderungszahlen von DDR-Bürgern in den Westen, die Ergebnisse der Volkskammerwahlen vom März 1990 und nicht zuletzt die immer noch stattfindenden Montagsdemonstrationen machten deutlich, dass sehr viele Menschen in Ostdeutschland eine rasche Vereinigung wollten. Dabei war für die Bevölkerung der DDR die Einführung der D-Mark ein vorrangiges Anliegen, das mit der Abwanderungsthematik verknüpft wurde. So lautete ein auf Transparenten während der Montagsdemonstrationen präsentierter Slogan: »Kommt die D-Mark, bleiben wir, kommt sie nicht, gehn wir zu ihr«.

In Politik und Wirtschaft war allerdings der Weg zur und vor allem die sehr schnelle Herbeiführung der Währungs-, Wirtschafts- und Sozialunion heftig umstritten. So warnte etwa Bundesbankpräsident Karl Otto Pöhl (SPD), »die Wiedervereinigung mit der Notenpresse zu finanzieren«. Der Bundesbankpräsident übte vor allem Kritik am Umtauschkurs von D-Mark und Mark der DDR im Verhältnis eins zu eins: »Es kann heute keinen Zweifel mehr geben, dass dies eine ökonomisch verhängnisvolle Entscheidung war. Alle Betriebe der DDR mussten von einem Tag auf den anderen ihre Löhne und Verpflichtungen in D-Mark

Feierstunde zur Währungsunion im Haus des Ministerrats im Alten Stadthaus: Finanzminister Walter Romberg (DDR) überreicht am 1. Juli 1990 seinem Amtskollegen Theo Waigel (BRD) handsignierte Geldscheine der ehemaligen Währung der DDR.

bezahlen, die sie nicht hatten und auch nicht verdienten. So wurden damals alle Betriebe schlagartig zahlungsunfähig.« Doch die rasche Einführung der D-Mark war – ein halbes Jahr vor der Wahl zum gesamtdeutschen Bundestag – politisch gewollt und der Umtauschwert eins zu eins keine ökonomisch errechnete Größe. So erklärt der ehemalige Sprecher der SPD-Bundestagsfraktion für die Angelegenheiten der neuen Länder, Mathias Schubert, im Rückblick: »Der Umtauschkurs war ein politischer Umtauschkurs. Und zwar musste auch das Bestreben sein, die Geldentwertung durch den Umtausch und damit die Vermögensentwertung, die Geldentwertung der Ostdeutschen nicht ins Extrem zu treiben.« Am 1. Juli 1990 war es dann so weit: Der Staatsvertrag über die Währungs-, Wirtschafts- und Sozialunion trat in Kraft und die D-Mark ersetzte die Mark der DDR.

Altes Stadthaus, Klosterstraße 47, 10179 Berlin

»MAN DARF DEN MENSCHEN NICHT IHRE VERGANGENHEIT KLAUEN«

KRONPRINZENPALAIS

Nach dem prinzipiellen Einverständnis der Alliierten galt es für die beiden deutschen Staaten, den Weg zur Vereinigung zu gestalten. Am 1. Juni 1990 trafen sich dazu erstmals die Verhandlungsführer der DDR-Delegation und der bundesdeutschen Delegation, Günther Krause und Wolfgang Schäuble, im Bundesinnenministerium in Bonn. Strittig war insbesondere, ob die deutsche Einheit über den damaligen Art. 23 GG als Beitritt der DDR zur Bundesrepublik erfolgen sollte, oder ob nicht besser auf der Grundlage von Art. 146 GG eine neue Verfassung auszuarbeiten war. Die Befürworter der zweiten Variante sahen in der umfassenden Reform der Verfassung und des sich daran anschließenden Volksentscheids die Möglichkeit, alle Deutschen gleichberechtigt an der gemeinsamen Verfassung zu beteiligen. Tatsächlich erfolgten die Verhandlungen der beiden Delegationen zur Vorbereitung der staatlichen Einheit jedoch auf der Grundlage von Art. 23 GG. Auf diesem Weg erschien die Herstellung der Vereinigung wesentlich schneller, einfacher und risikoärmer möglich. So unterzeichneten die Verhandlungsführer Günther Krause und Wolfgang Schäuble bereits drei Monate nach Eröffnung der Verhandlungen am 31. August 1990 den Einigungsvertrag im Kronprinzenpalais. Er sah den Beitritt der DDR zur Bundesrepublik nach Art. 23 GG mit Wirkung vom 3. Oktober 1990 vor. Damit einher ging die Auflösung der Bezirke auf dem Gebiet der DDR und die Bildung der Bundesländer Mecklenburg-Vorpommern, Brandenburg, Sachsen-Anhalt, Sachsen und Thüringen. Berlin wurde als Bundesland vereint und zur künftigen deutschen Hauptstadt erklärt.

Für Empörung sorgte der im Einigungsvertrag festgehaltene sehr eingeschränkte Umgang mit den Unterlagen der Staatssicherheit. Bür-

Das Kronprinzenpalais, Unter den Linden, 1987.

gerrechtler sahen die Gefahr, dass Akten vernichtet und der Zugang zu diesen Unterlagen sehr erschwert würde. Deshalb besetzten Mitglieder des NF, der Vereinten Linken und der Umwelt-Bibliothek am 4. September 1990 die Zentrale der Stasi. Wolf Biermann, der die Aktion unterstützte und am nächsten Tag die Besetzer besuchte, erklärte dazu: »Man darf den Menschen, besonders denen, die man gequält hat, nicht ihre Vergangenheit klauen.« Die Besetzung hatte Erfolg – Joachim Gauck, der die Sonderkommission zur Kontrolle der Auflösung des Ministeriums für Staatssicherheit leitete, gelang es, einen Zusatz zum Einigungsvertrag auszuhandeln, wonach die Stasi-Akten von einer eigenen Bundesbehörde verwaltet werden sollten.

Kronprinzenpalais, Unter den Linden 3, 10117 Berlin

»ICH PROTESTIERE GEGEN MEINE INHAFTIERUNG«

UNTERSUCHUNGSHAFTANSTALT DER STAATSSICHERHEIT

Kurz vor dem Tag der deutschen Einheit wurde ein zentraler Ort des DDR-Unterdrückungsapparats offiziell geschlossen: Das Untersuchungsgefängnis der Staatssicherheit in Hohenschönhausen. Nach der Eroberung Berlins durch die Rote Armee im Mai 1945 war das Gelände an der Genslerstraße zunächst von der sowjetischen Besatzungsmacht als sogenanntes Speziallager Nr. 3 und später als zentrales Untersuchungsgefängnis genutzt worden. Diesem Zweck diente der Ort auch seit 1951: Das MfS, ein Jahr zuvor als »Schild und Schwert der Partei« gegründet, richtete hier die zentrale Untersuchungshaftanstalt ein. Im Verlauf der Jahre wurden in Hohenschönhausen über 10.000 Menschen inhaftiert – Beteiligte am Volksaufstand von 1953 genauso wie Menschen, die gegen die Intervention der Warschauer-Pakt-Staaten in die ČSSR 1968 protestierten wie Bettina Wegner, oder solche, die sich gegen die Ausbürgerung von Wolf Biermann 1976 wandten wie Jürgen Fuchs, sogenannte Republikflüchtlinge und Menschen wie Wolfgang Harich, Walter Janka und Rudolf Bahro, die sich für eine andere Form des Sozialismus einsetzten, bis hin zu Bürgerrechtlern und Künstlern in den 1980er Jahren wie Bärbel Bohley, Freya Klier, Stephan Krawczyk und Ulrike Poppe.

Jürgen Fuchs, der nach neunmonatiger Haft im Untersuchungsgefängnis im August 1977 nach Westdeutschland abgeschoben wurde, legte mit seinem Buch *Vernehmungsprotokolle: November '76 bis September '77* ein beklemmend eindrückliches Zeugnis seiner Haft in Hohenschönhausen ab. Der Schriftsteller hatte zuvor mit seiner Familie im Gartenhaus von Katja und Robert Havemann in Grünheide gewohnt und mit anderen Dissidenten gegen die Ausbürgerung von Wolf Bier-

Kontrollraum im Zellentrakt der heutigen Gedenkstätte Hohenschönhausen, 2018.

mann protestiert. Daraufhin war er in das Stasi-Gefängnis verbracht worden, wo er sich standhaft geweigert hatte, in irgendeiner Weise mit den Behörden zu kooperieren. Am fünften Tag nach seiner Festnahme hatte Jürgen Fuchs zu Protokoll gegeben: »1. Ich protestiere gegen meine Inhaftierung. 2. Ich fordere meine sofortige Freilassung. 3. Ich lehne jedes weitere Gespräch mit Ihnen ab.« Nach seiner Abschiebung war Jürgen Fuchs in West-Berlin als Schriftsteller tätig, unterstütze die Bürgerbewegung in der DDR und arbeitete mit der tschechoslowakischen Bürgerrechtsbewegung Charta 77 sowie mit der polnischen oppositionellen Gewerkschaft Solidarność zusammen.

Die Haftanstalt Hohenschönhausen wurde am 2. Oktober 1990 der Justizverwaltung von West-Berlin überantwortet. Heute befindet sich hier die Gedenkstätte Berlin-Hohenschönhausen.

Untersuchungshaftanstalt der Staatssicherheit / Gedenkstätte Berlin-Hohenschönhausen, Genslerstraße 66, 13055 Berlin

»ES IST EINE STUNDE GROSSER FREUDE, ES IST DAS ENDE MANCHER ILLUSION«

SCHAUSPIELHAUS

Der 3. Oktober 1990 stellt einen historischen Tag für Deutschland und für Europa dar: Am Tag der Deutschen Einheit erfolgte die Wiedervereinigung der beiden deutschen Staaten, womit zugleich ein neues Kapitel in der europäischen Nachkriegsordnung aufgeschlagen wurde. Das Datum hatte keine symbolische Bedeutung, sondern war dem zufälligen Umstand geschuldet, einen Tag nach dem Treffen der Außenminister der KSZE-Staaten zu liegen: In einer Nachtsitzung der Volkskammer vom 22. auf den 23. August war über die Frage debattiert worden, wann der Beitritt der DDR zur Bundesrepublik erfolgen sollte. Nach langen Diskussionen hatte der ehemalige DDR-Außenminister Markus Meckel dafür plädiert, dass der Beitritt erst nach der Sitzung der KZSZE-Außenminister in New York am 1./2. Oktober erfolgen sollte. Bei dieser Sitzung würden die Außenminister über die abschließende Regelung bezüglich Deutschland offiziell in Kenntnis gesetzt. So votierte die Mehrheit der Volkskammerabgeordneten für den 3. Oktober als Beitrittsdatum.

Die Feierlichkeiten zur Einheit begannen am frühen Abend des 2. Oktober zwischen Bebelplatz und Alexanderplatz mit einem Volksfest. Später fand im Schauspielhaus ein Festakt von DDR-Regierung und Volkskammer statt, bei dem auch Bundespräsident Richard von Weizsäcker, Bundeskanzler Helmut Kohl und EG-Kommissionspräsident Jacques Delors anwesend waren. In seiner Festrede erklärte Ministerpräsident Lothar de Maizière: »Wir werden ein Staat. In wenigen Augenblicken tritt die Deutsche Demokratische Republik der Bundesrepublik Deutschland bei. Damit erreichen wir Deutschen die Einheit in Freiheit. Es ist eine Stunde großer Freude, es ist das Ende mancher

Festakt von DDR-Regierung und Volkskammer im Schauspielhaus zur Feier der deutschen Einheit, 2. Oktober 1990.

Illusion, und es ist ein Abschied ohne Tränen.« Den musikalischen Rahmen des Festaktes gestaltete die Philharmonie Leipzig, die unter Leitung von Kurt Masur Ludwig van Beethovens *Neunte Sinfonie* darbot.

Die Festlichkeiten wurden am Reichstagsgebäude fortgesetzt, wo in der Nacht auf den 3. Oktober 1990 etwa eine Million Menschen die deutsche Einheit feierten. Am nächsten Vormittag fand in der Berliner Philharmonie der Staatsakt zur Feier der deutschen Einheit statt. In Würdigung der deutschen Einheit erklärte die bisherige Präsidentin der Volkskammer, Sabine Bergmann-Pohl: »Es ist der glücklichste Tag der Deutschen.« Und Bundespräsident Richard von Weizsäcker schloss seine Rede mit den Worten: »Und die Freude, wir haben es gestern Abend gehört, die Freude, die wir empfinden, sie ist ein Götterfunken.«

Schauspielhaus / Konzerthaus, Gendarmenmarkt, 10117 Berlin

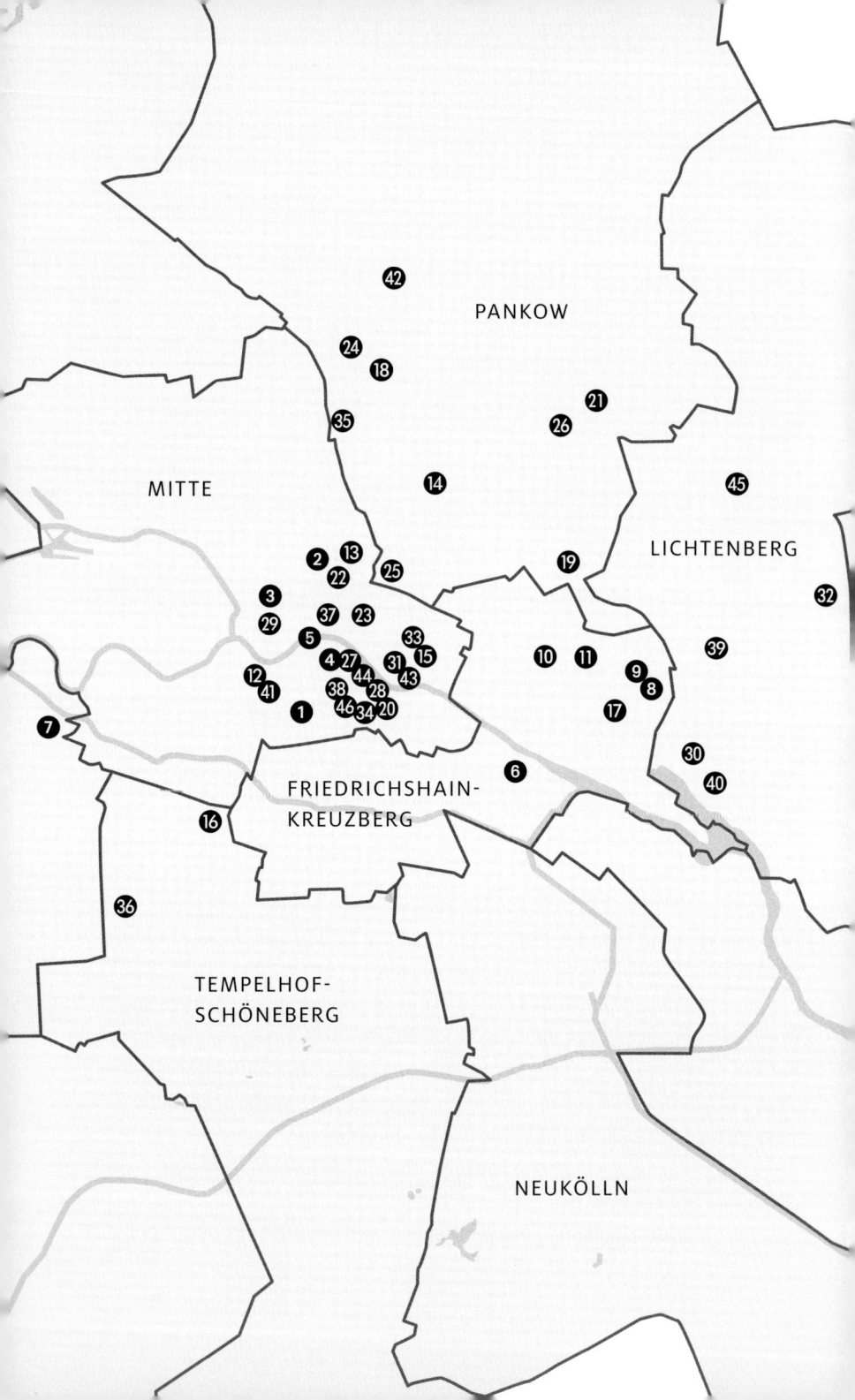

① Haus der Ministerien / Bundesministerium der Finanzen, Platz des Volksaufstandes von 1953, Leipziger Straße 124, 10117 Berlin
② Gedenkstätte Berliner Mauer, Bernauer Straße 111, 13355 Berlin
③ Emil-Fischer-Hörsaal, Hessische Straße 2, 10115 Berlin
④ Staatsbibliothek zu Berlin, Dorotheenstraße 27, 10117 Berlin
⑤ Weidendammer Brücke, 10117 Berlin
⑥ Künstlerhaus Bethanien, Mariannenplatz, 10997 Berlin
⑦ Technische Universität Berlin, Straße des 17. Juni 135, 10623 Berlin
⑧ Samariterkirche, Samariterstraße, 10247 Berlin
⑨ Gemeindehaus der Samariterkirche, Samariterstraße 27, 10247 Berlin
⑩ Auferstehungskirche, Friedenstraße 83, 10249 Berlin
⑪ Pfingstkirche, Petersburger Platz 5, 10249 Berlin
⑫ Brandenburger Tor, Pariser Platz, 10117 Berlin
⑬ Zionskirche, Zionskirchplatz, 10119 Berlin
⑭ Gethsemanekirche, Stargarder Straße 77, 10437 Berlin
⑮ Kongresshalle, Alexanderstraße 11, 10178 Berlin
⑯ Potsdamer Straße 131, 10783 Berlin
⑰ Frankfurter Tor, 10243 Berlin
⑱ Carl-von-Ossietzky-Gymnasium, Görschstraße 42/44, 13187 Berlin
⑲ Werner-Seelenbinder-Halle / Velodrom, Paul-Heyse-Straße 26, 10407 Berlin
⑳ Evangelisches Konsistorium, Neue Grünstraße 19, 10179 Berlin
㉑ Stephanus-Stiftung, Albertinenstraße 20–23, 13086 Berlin
㉒ Elisabethkirche, Invalidenstraße 4a, 10115 Berlin
㉓ Sophienkirche, Große Hamburger Straße 29-30, 10115 Berlin
㉔ Chinesische Botschaft, Heinrich-Mann-Straße 9, 13156 Berlin
㉕ Wohnung von Bärbel Bohley / Wohnhaus, Fehrbelliner Straße 91, 10119 Berlin
㉖ Jugendclub Maxim Gorki / Kinder- und Jugendklub Maxim, Charlottenburger Straße 117, 13086 Berlin
㉗ Neue Wache, Unter den Linden 4, 10117 Berlin
㉘ Palast der Republik / Berliner Schloss, Schlossplatz 1, 10178 Berlin
㉙ Deutsches Theater, Schumannstraße 13A, 10117 Berlin
㉚ Erlöserkirche, Nöldnerstraße 43, 10317 Berlin
㉛ Rotes Rathaus, Rathausstraße 15, 10178 Berlin
㉜ Königin Elisabeth Hospital / Evangelisches Krankenhaus Königin Elisabeth Herzberge, Herzbergstraße 79, 10365 Berlin
㉝ Alexanderplatz, 10178 Berlin
㉞ Internationales Pressezentrum / Bundesministerium der Justiz und für Verbraucherschutz, Mohrenstraße 37/38, 10117 Berlin
㉟ Bösebrücke, Bornholmer Straße, 10439 Berlin
㊱ Rathaus Schöneberg, John-F.-Kennedy-Platz, 10825 Berlin
㊲ Dietrich-Bonhoeffer-Haus, Ziegelstraße 30, 10117 Berlin
㊳ Haus der Demokratie, Friedrichstraße 165, 10117 Berlin
㊴ Ministerium für Staatssicherheit / Stasimuseum, Ruschestraße 103, 10365 Berlin
㊵ Gefängnis Rummelsburg / Informations- und Gedenkort Rummelsburg, Hauptstraße 8, 10317 Berlin
㊶ Platz des 18. März, 10117 Berlin
㊷ Schloss Schönhausen, Tschaikowskistraße 1, 13156 Berlin
㊸ Altes Stadthaus, Klosterstraße 47, 10179 Berlin
㊹ Kronprinzenpalais, Unter den Linden 3, 10117 Berlin
㊺ Untersuchungshaftanstalt der Staatssicherheit / Gedenkstätte Berlin-Hohenschönhausen, Genslerstraße 66, 13055 Berlin
㊻ Schauspielhaus / Konzerthaus, Gendarmenmarkt, 10117 Berlin

LITERATUR

Bahrmann, Hannes/Links, Christoph: Chronik der Wende. Die Ereignisse in der DDR zwischen 7. Oktober 1989 und 18. März 1990. Berlin 1999.

Baum, Karl-Heinz: Kein Indianerspiel. DDR-Reportagen eines Westjournalisten. Berlin 2017.

Becker, Peter von: Staatslüge und rechte Offenbarung, in: Der Tagesspiegel, 17. Oktober 2017.

Bernhard, Henry: Rio Reiser in Ost-Berlin. In: https://www.mdr.de/damals/archiv/rioreiser100.html; Zugriff am 2. Januar 2019.

Biermann, Wolf: Interview bei der Besetzung der Stasi-Zentrale am 5. September 1990. In: https://www.mdr.de/damals/archiv/video89792.html; Zugriff am 8. Dezember 2018.

Birthler, Marianne: Halbes Land, ganzes Land, ganzes Leben. Erinnerungen. Berlin 2014.

Boeden, Susanne: Bericht bei der Veranstaltung »Wider den Schlaf der Vernunft« in der Erlöserkirche am 28. Oktober 1989. In: https://www.youtube.com/watch?v=zRiUSgp2h6o; Zugriff am 29. Dezember 2018.

Boysen, Jacqueline: Radio Glasnost. Das Westberliner Sprachrohr der DDR-Opposition. In: https://www.deutschlandfunk.de/radio-glasnost.724.de.html?dram:article_id=99558; Zugriff am 10. Dezember 2018.

Braun, Jutta/Schäbitz, Michael (Hrsg.): Von der Bühne auf die Straße. Theater und Friedliche Revolution in der DDR. Berlin 2016.

Brecht, Bertolt: Gesammelte Werke. Band 10: Gedichte 3. Frankfurt am Main 1982.

Bundeskanzler-Willy-Brandt-Stiftung (Hrsg.): Wächst zusammen, was zusammengehört? Berlin 2001.

Dieckmann, Christoph: Die Freiheit zu Besuch. In: https://www.zeit.de/2018/43/ddr-internationale-rockstars-konzerte-sed-staat; Zugriff am 2. Januar 2019.

Fuchs, Jürgen: Vernehmungsprotokolle: November '76 bis September '77. Reinbek 1978.

Fürnberg, Louis: Wanderer in den Morgen. Ein Gedichtkreis. Berlin 1952.

Gauck, Joachim: Nicht den Ängsten folgen, den Mut wählen. Denkstationen eines Bürgers. München 2013.

Grub, Frank Thomas: »Wende« und »Einheit« im Spiegel der deutschsprachigen Literatur. Ein Handbuch. Bd. 1: Untersuchungen. Berlin/New York 2003.

Gutmair, Ulrich: Die ersten Tage von Berlin. Der Sound der Wende. Berlin 2015.

Heckmann-Jantz, Kirsten: Ein Leben im Visier der Staatssicherheit. In: https://www.deutschlandfunk.de/ein-leben-im-visier-der-staatssicherheit.871.de.html?dram:article_id=125716; Zugriff am 27. Dezember 2018.

Hein, Christoph: Als Kind habe ich Stalin gesehen. Essais und Reden. Berlin 1990.

Heinisch, Michael: »Wir gehören auf die Straße«. In: http://revolution89.de/ausstellung/blog/fundstuecke/wir-gehoeren-auf-die-strasse-michael-heinisch-ueber-eine-demo-gegen-wahlbetrug-am-7-juni-1989/; Zugriff am 16. Dezember 2018.
Herbert, Ulrich: Geschichte Deutschlands im 20. Jahrhundert. München 2014.
Hermlin, Andrej: Happy Endzeitstimmung. In: http://www.taz.de/!5154834/; Zugriff am 31. Dezember 2018.
Hertle, Hans-Hermann/Stephan, Gerd-Rüdiger (Hrsg.): Das Ende der SED. Die letzten Tage des Zentralkomitees. Berlin 2013.
Hertle, Hans-Hermann: Die Berliner Mauer. Berlin ²2015.
Jahn, Roland: Wir Angepassten. Überleben in der DDR. München 2014.
Janka, Walter: Schwierigkeiten mit der Wahrheit. Berlin/Weimar 1990.
Kirche von Unten (Hrsg.): Wunder gibt es immer wieder. Fragmente zur Geschichte der Offenen Arbeit und der Kirche von Unten. Berlin 1997.
Klein, Thomas: »Frieden und Gerechtigkeit!« Die Politisierung der Unabhängigen Friedensbewegung in Ost-Berlin während der 80er Jahre. Köln 2007.
Kloth, Hans Michael: Vom »Zettelfalten« zum freien Wählen. Die Demokratisierung der DDR 1989/90 und die »Wahlfrage«. Berlin 2000.
Komitee für die Freilassung Rudolf Bahros (Hrsg.): Der Bahro Kongress. Aufzeichnungen, Berichte und Referate. Veröffentlichung der Protokolle. Berlin 1979.
Kowalczuk, Ilko-Sascha/Sello, Tom (Hrsg.): Für ein freies Land mit freien Menschen. Opposition und Widerstand in Biographien und Fotos. Berlin 2006.
Kowalczuk, Ilko-Sascha: 17. Juni 1953. Geschichte eines Aufstands. München 2013.
Kowalczuk, Ilko-Sascha: Endspiel. Die Revolution von 1989 in der DDR. München ²2009.
Krahl, Toni: Toni Krahls Rocklegenden. Berlin 2016.
Küchenmeister, Daniel (Hrsg.): Honecker – Gorbatschow. Vieraugengespräche. Berlin 1993
Kukutz, Irena: Chronik der Bürgerbewegung NEUES FORUM 1989–199. Berlin 2009.
Kunze, Thomas: Staatschef a. D. Die letzten Jahre des Erich Honecker. Berlin 2001.
Lenz, Ilse (Hrsg.): Die Neue Frauenbewegung in Deutschland. Abschied vom kleinen Unterschied. Ausgewählte Quellen. Wiesbaden 2009.
Leonhard, Wolfgang: Die Revolution entlässt ihre Kinder. Leipzig 1990.
Meckel, Markus: »Die Zukunft wurde neu gestaltet.« In: https://www.dw.com/de/markus-meckel-die-zukunft-wurde-neu-gestaltet/a-5526793; Zugriff am 6. Dezember 2018.
Mohr, Tim: Stirb nicht im Warteraum der Zukunft. Die ostdeutschen Punks und der Fall der Mauer. München 2017.
Neubert, Ehrhart: Geschichte der Opposition in der DDR 1949 – 1989. Berlin 1997.
Neubert, Ehrhart: Unsere Revolution. Die Geschichte der Jahre 1989/90. München ²2009.
Opitz, Michael/Hofmann, Michael (Hrsg.): Metzler Lexikon DDR-Literatur. Autoren – Institutionen –Debatten. Stuttgart/Weimar 2009.

Plato, Alexander von: Die Vereinigung Deutschlands – ein weltpolitisches Machtspiel. Berlin 2002.

Pöhl, Karl Otto: »Der Kurs beim Umtausch war verhängnisvoll.« In: https://www.welt.de/print-wams/article115077/Karl-Otto-Poehl-ist-ueberzeugt-Der-Kurs-beim-Umtausch-war-verhaengnisvoll.html; Zugriff am 7. Dezember 2018.

Poppe, Ulrike: Die Bürgerbewegung und die Sicherung der Archive, in: Dagmar Unverhau (Hrsg.): Das Stasi-Unterlagen-Gesetz im Lichte von Datenschutz und Archivgesetzgebung. Münster ²2003, S. 31–41.

Poppe, Ulrike: Interview. In: https://www.geschichte-menschenrechte.de/personen/ulrike-poppe/; Zugriff am 28. Dezember 2018.

Poppe, Ulrike/Eckert, Rainer/Kowalczuk, Ilko-Sascha (Hrsg.): Zwischen Selbstbehauptung und Anpassung. Formen des Widerstandes und der Opposition in der DDR. Berlin 1995.

Reinecke, Stefan/Semler, Christian: Der Anfang vom Ende der DDR. Gefälschte Kommunalwahl 1989. In: http://taz.de/Archiv-Suche/!5163548&s=S.%2BReinecke/; Zugriff am 14. Dezember 2018.

Reiser, Rio: Der Traum ist aus. Live in der Werner-Seelenbinder-Halle. In: https://www.youtube.com/watch?v=buiArMiXE2g; Zugriff am 2. Januar 2019.

Rex, Sven: Eine weitgehende Erfolgsgeschichte. Zehn Jahre Währungsunion. In: https://www.deutschlandfunk.de/eine-weitgehende-erfolgsgeschichte.724.de.html?dram:article_id=97184; Zugriff am 7. Dezember 2018.

Röder, Bettina: Biete »Sputnik«, suche »Kirche«. In: https://www.domradio.de/nachrichten/2008-10-10/vor-20-jahren-demonstrierten-ddr-buerger-ost-berlin-gegen-die-zensur-ihrer-kirchenzeitung; Zugriff am 17. Dezember 1988.

Rüddenklau, Wolfgang: Störenfried. DDR-Opposition 1986–1989. Mit Texten aus den »Umweltblättern«. Berlin 1992.

Schriftstellerverband der Deutschen Demokratischen Republik (Hrsg.): X. Schriftstellerkongress der Deutschen Demokratischen Republik. Plenum. Berlin 1988.

Sontheimer, Michael/Wensierski, Peter: Berlin – Stadt der Revolte. Berlin 2018.

Süß, Walter: Staatssicherheit am Ende. Warum es den Mächtigen nicht gelang, 1989 eine Revolution zu verhindern. Berlin ²1999.

Sylvester, Regine: SED-Zentralkomitee. »Hier wird unsere Partei beleidigt!«, in: Die Zeit, 10. Dezember 2015.

Wiedemeier, Juliane: Die chinesische Lösung. In: https://www.prenzlauerberg-nachrichten.de/2014/06/04/die-chinesische-loesung/; Zugriff am 18. Dezember 2018.

Wolff, Friedrich: Verlorene Prozesse. Meine Verteidigungen in politischen Verfahren 1952–2003. Berlin ²2009.

Wolfrum, Edgar: Die Mauer. Geschichte einer Teilung. München 2009.

Wolle, Stefan: Die DDR. Eine Geschichte von der Gründung bis zum Untergang. Bonn 2015.

ABKÜRZUNGEN

ADN	Allgemeiner Deutscher Nachrichtendienst
AfNS	Amt für Nationale Sicherheit
AKSK	Arbeitskreis Solidarische Kirche
Antifa	Antifaschistische Aktion
ARD	Arbeitsgemeinschaft der öffentlich-rechtlichen Rundfunkanstalten der Bundesrepublik Deutschland
BRD	Bundesrepublik Deutschland
BStU	Der Bundesbeauftragte für die Unterlagen des Staatssicherheitsdienstes der ehemaligen Deutschen Demokratischen Republik
CBS	Columbia Broadcasting System
CDU	Christlich Demokratische Union Deutschlands
ČSSR	Tschechoslowakische Sozialistische Republik
DA	Demokratischer Aufbruch
DDP	Deutsche Demokratische Partei
DDR	Deutsche Demokratische Republik
DJ	Demokratie Jetzt
D-Mark	Deutsche Mark
DPA	Deutsche Presse-Agentur
DSF	Gesellschaft für Deutsch-Sowjetische Freundschaft
DSU	Deutsche Soziale Union
EG	Europäische Gemeinschaft
EOS	Erweiterte Oberschule
FDGB	Freier Deutscher Gewerkschaftsbund
FDJ	Freie Deutsche Jugend
FDP	Freie Demokratische Partei
FSJ	Freie Sozialistische Jugend
FU Berlin	Freie Universität Berlin
GG	Grundgesetz
GL	Grüne Liga
GP	Grüne Partei
IFM	Initiative Frieden und Menschenrechte
IG Metall	Industriegewerkschaft Metall
IM	Inoffizieller Mitarbeiter
KG	Kampfgruppen
KJVD	Kommunistischer Jugendverband Deutschlands
KoKo	Kommerzielle Koordinierung
KP	Kommunistische Partei
KPD	Kommunistische Partei Deutschlands

KPdSU	Kommunistische Partei der Sowjetunion
KSZE	Konferenz über Sicherheit und Zusammenarbeit in Europa
KvU	Kirche von Unten
LDPD	Liberal-Demokratische Partei Deutschlands
MfS	Ministerium für Staatssicherheit
NATO	North Atlantic Treaty Organization
NF	Neues Forum
NVA	Nationale Volksarmee
PLO	Palestine Liberation Organization
RAF	Rote Armee Fraktion
RIAS	Rundfunk im amerikanischen Sektor
SBZ	Sowjetische Besatzungszone
SDP	Sozialdemokratische Partei in der DDR
SED	Sozialistische Einheitspartei Deutschlands
SFB	Sender Freies Berlin
SPD	Sozialdemokratische Partei Deutschlands
TU Berlin	Technische Universität Berlin
UB	Umwelt-Bibliothek
UdSSR	Union der Sozialistischen Sowjetrepubliken
UFV	Unabhängiger Frauenverband
USA	United States of America
VEB	Volkseigener Betrieb
VL	Vereinigte Linke
VP	Volkspolizei
VR	Volksrepublik
WDR	Westdeutsche Rundfunk
ZDF	Zweites Deutsches Fernsehen
ZK	Zentralkomitee

BILDNACHWEIS

akg-images S. 25, 87, 111
akg-images/picture-alliance/Chris Hoffman S. 47
akg-images/picture-alliance/dpa S. 17, 79
akg-images/Alfred Strobel S. 27
bpk/Bundesstiftung Aufarbeitung/Harald Schmitt S. 35
bpk/Bundesstiftung Aufarbeitung/Klaus Mehner S. 67
bpk/Volker Döring S. 61
bpk/Klaus Lehnartz S. 95
Bundesarchiv S. 53 (Bild 183-T0410-0311, Foto: Erwin Schneider), 71 (Bild 183-1987-0130-314, Foto: Erwin Schneider), 85 (Bild 183-1989-1029-003, Foto: Rainer Mittelstädt), 97 (Bild 183-1989-1207-026, Foto: Klaus Oberst), 115 (Bild 183-1990-1002-421, Foto: Thomas Uhlemann), Umschlagvorderseite unten (Bild 183-1989-1104-002, Foto: Hubert Link)
Bundesregierung (Foto: Klaus Lehnartz) S. 105
dpa-Bildarchiv S. 29
Maxim – Kinder- und Jugendkulturzentrum S. 75
Roger Mehlis S. 33
Anna Müller S. 55
Robert-Havemann-Gesellschaft/Andreas Kämper S. 73, 83, 89, 91, 93
Robert-Havemann-Gesellschaft/Bernd Weu S. 13, 41, 51, 63
Robert-Havemann-Gesellschaft/Bernhard Freutel S. 57
Robert-Havemann-Gesellschaft/Hans-Jürgen Röder S. 69
Robert-Havemann-Gesellschaft/Nikolaus Becker S. 20, 77
Robert-Havemann-Gesellschaft/Rolf Walter S. 45, 99
Robert-Havemann-Gesellschaft/Siegbert Schefke S. 15, 49, 59, 101
Robert-Havemann-Gesellschaft/Werner Fischer S. 43
ullstein bild/ADN-Bildarchiv S. 81, 107, 109
ullstein bild/GHOST/John Martyn S. 103
ullstein bild/joko S. 113
ullstein bild/Klaus Mehner Umschlagvorderseite oben
Verlagsarchiv S. 31, 65
www.roland-wehl.de S. 37
Rainer Wolf S. 39

DER AUTOR

Ingo Juchler, geboren 1962 in Mannheim, studierte Politikwissenschaft, Germanistik, Geschichte und Erziehungswissenschaft an den Universitäten Trier und Marburg. Nach Lehrtätigkeiten an der PH Weingarten sowie den Universitäten Augsburg und Göttingen ist er seit 2010 Professor für Politische Bildung an der Universität Potsdam. Juchler beschäftigt sich intensiv mit der politischen Geschichte Berlins. Von 2010 bis 2018 war er Mitglied des Wissenschaftlichen Beirates der Bundeszentrale für politische Bildung. Zuletzt erschien von ihm das Buch »1968 in Berlin«.

DANKSAGUNG

Für ihre Gesprächsbereitschaft, ihre Darstellung der Ereignisse um die Friedliche Revolution in der DDR aus der Akteursperspektive und das zur Verfügung stellen von Materialien bin ich Frank Ebert (Berlin), Rainer Eppelmann (Berlin), Roland Jahn (Berlin), Freya Klier (Berlin), Thomas Krüger (Berlin), Alexander Kühne (Berlin), Paul Landers (Berlin), Ulrike Poppe (Berlin) und Tom Sello (Berlin) sehr verbunden.

Weiterhin danke ich herzlich Sema Binia (Berliner Geschichtswerkstatt), Dr. Kerstin Hinrichs (Humboldt-Universität zu Berlin) und Dr. Ilko-Sascha Kowalczuk (BStU, Berlin) für ihre informativen Ausführungen. Dank gebührt schließlich auch den Mitarbeiterinnen und Mitarbeitern der Robert-Havemann-Gesellschaft (Berlin) für ihre Unterstützung.

Sebastian Ihle (Universität Potsdam) danke ich für die kritische Durchsicht des Manuskripts.

PERSONENREGISTER

Altvater, Elmar 37
Arafat, Jassir 76
Baez, Joan 35
Bahro, Rudolf 36, 37, 112
Baker, James A. 106, 107
Barthel, Kurt 11
Bastian, Gert 14
Becker, Jurek 12
Bergmann-Pohl, Sabine 112
Bernhard, Henry 61
Berthold, Erika 31
Bickhardt, Stephan 72
Biermann, Wolf 12, 29, 32, 33, 34, 36, 37, 53, 84, 111, 112
Birthler, Marianne 59, 63, 88
Bisky, Lothar 89
Boeden, Marianne 83
Boeden, Susanne 82, 83
Bohley, Bärbel 14, 15, 17, 18, 42, 72, 73, 74, 112
Börner, Rainer 60
Böttger, Martin 15
Bowie, David 46, 47
Brandt, Heinz 37
Brandt, Willy 26, 94, 95
Brasch, Horst 31
Brasch, Thomas 31
Braun, Volker 12, 82
Brecht, Bertolt 11
Busch, Ernst 10
Ceaușescu, Nicolae 76
Chruschtschow, Nikita 80
Dahn, Daniela 82
Danz, Tamara 74
Bruyn, Günter de 53, 62, 82
Goya, Francisco de 82
Maizière, Lothar de 105, 114

Delors, Jacques 114
Diestelmann, Stefan 39
Drees, Erika 73
Dubček, Alexander 12, 31, 34
Dumas, Roland 106, 107
Dutschke, Rudi 37
Dylan, Bob 30, 38
Ebert, Frank 18
Eger, Jürgen 74
Eisler, Hanns 32
Eppelmann, Rainer 13, 14, 38, 40, 41, 86, 87
Eppler, Erhard 44
Erb, Elke 82
Feller, Kai 58
Fink, Heinrich 82
Fischer, Emil 28, 29
Fischer, Günther 82
Fischer, Werner 15, 18
Forck, Gottfried 62
Forner, Rainer 58
Fuchs, Jürgen 112, 113
Fühmann, Franz 12
Fürnberg, Louis 10
Gauck, Joachim 21, 111
Gaus, Günter 44
Genscher, Hans-Dietrich 95, 106, 107
Gorbatschow, Michail 19, 47, 50, 52, 62, 76, 77, 78
Gorbatschowa, Raissa 76, 77
Görlitz, Edwin 93
Grigorowa, Juliana 31
Grimm, Peter 15
Güttler, Ludwig 78
Gysi, Gregor 36, 88, 98
Hager, Kurt 52, 60, 62
Halbrock, Christian 48

125

Harich, Wolfgang 112
Havemann, Frank 30
Havemann, Katja 14, 42, 43, 72, 73, 112
Havemann, Robert 12, 14, 28, 29, 31, 32, 40, 112
Hein, Christoph 53, 59, 62, 82, 83, 89
Heinisch, Michael 68
Heise, Wolfgang 32, 36
Herger, Wolfgang 102
Hermlin, Andrej 78, 79
Hermlin, Stephan 59, 82
Herzberg, André 74
Hesse, Hermann 38
Heym, Stefan 12, 82, 89, 105
Hirsch, Ralf 15, 18
Holmer, Uwe 103
Holwas, Günter 38, 39
Honecker, Erich 26, 28, 67, 76, 102, 103
Honecker, Margot 58, 84, 85, 102, 103
Hornsby, Bruce 46
Hülsemann, Wolfram 50
Hunzinger, Rosita 31
Hurd, Douglas 106, 107
Ihle, Katja 58
Jahn, Roland 54
Jakeš, Miloš 76
Janka, Walter 19, 80, 81, 112
Jaruzelski, Wojciech 76
Jordan, Carlo 48
Kämper, Oliver 48
Kelly, Petra 14
Kennedy, John F. 95
Kerouacs, Jack 38
Kerschowski, Lutz 60
Kesey, Ken 38
Kirsch, Sarah 12
Klein, Thomas 15
Klier, Freya 17, 18, 62, 112
Kohl, Helmut 95, 104, 106, 114
Kohlhaase, Wolfgang 82
Königsdorf, Helga 82

Kowalski, Jochen 82
Krack, Erhard 84
Krahl, Toni 30, 31, 74
Krause, Günther 110
Krawczyk, Stephan 13, 16, 17, 18, 44, 54, 57, 62, 112
Krenz, Egon 66, 71, 90, 102
Krüger, Thomas 66
Krusche, Günter 44
Kuczynski, Jürgen 59
Kunert, Günter 12
Laabs, Jochen 82
Lambsdorff, Otto Graf 87
Landers, Paul 48
Langhoff, Tobias 89
Lengsfeld, Philipp 58
Lennon, John 38
Leonhard, Wolfgang 10
Liebknecht, Karl 16, 56
Liefers, Jan Josef 88
Lindner, Benjamin 58
Lingner, Max 25
Linke, Barbe 43
Litfin, Günter 27
Lotte, Regina 18
Lukács, Georg 80
Luxemburg, Rosa 16, 56
Marenbach, Ilona 54
Masur, Kurt 15
Matthus, Siegfried 82
Meckel, Markus 106, 107, 114
Meinel, Reinhard 73
Mensching, Steffen 82
Merkel, Angela 87
Metz, Gisela 43
Mielke, Erich 78
Mitterrand, François 107
Mlynář, Zdeněk 37
Modrow, Hans 71, 100, 101
Momper, Walter 94, 95
Mühe, Ulrich 19, 80, 81, 88
Müller, Christine 48

Müller, Heiner 12, 82, 89
Müller, Stefan 68
Müller, Sylvia 15
Negt, Oskar 37
Neubert, Ehrhart 86
Niemöller, Martin 14
Nooke, Günter 87
Ortega, Daniel 76
Ossietzky, Carl von 58, 59
Pahnke, Rudi 86
Palme, Olof 50, 51
Pelikán, Jiří 37
Pflugbeil, Christine 73
Pflugbeil, Sebastian 73
Plenzdorf, Ulrich 38, 82
Pöhl, Karl Otto 108
Poppe, Gerd 15, 96
Poppe, Ulrike 14, 15, 42, 71, 98, 112
Radomski, Aram 92
Rausch, Friedhelm 84
Regener, Sven 48
Reich, Eva 73
Reich, Jens 59, 73, 88
Reiser, Rio 60, 61
Rennert, Jürgen 82
Richter, Edelbert 86
Ridder, Helmut 14
Romberg, Walter 109
Römer, Bernd 74
Rüddenklau, Wolfgang 48
Rulff, Dieter 54
Rüppel, Wolfgang 25
Salinger, J.D. 38
Schabowski, Günter 19, 58, 71, 84, 85, 90, 91, 92, 102
Schall, Ekkehard 89
Schall, Johanna 88
Schatta, Mario 63, 64, 65
Schäuble, Wolfgang 110
Schefke, Siegbert 92
Schewardnadse, Eduard 106, 107
Schiwkow, Todor 76
Schnitzler, Karl-Eduard von 54
Schnur, Wolfgang 86, 87
Schöne, Gerhard 74
Schorlemmer, Friedrich 86, 89
Schröder, Gerhard 37
Schubert, Mathias 109
Schult, Reinhard 15, 54, 73
Seidel, Eberhard 73
Seidel, Jutta 73
Selbmann, Fritz 24
Sell, Thomas 86
Sello, Tom 48
Sengespeick, Christa 42
Simon, Hans 48
Sölle, Dorothee 42
Spira, Steffi 89
Stolpe, Manfred 41
Stoph, Willi 102
Templin, Regina 18
Templin, Wolfgang 15, 18
Thatcher, Margaret 107
Timm, Ernst 70
Tschäpe, Rudolf 73
Tschirner, Joachim 89
Ulbricht, Catrin 73
Ulbricht, Walter 10, 26, 32, 80, 102
Uszkoreit, Hans 31
Uszkoreit, Hans-Georg 31
Kamp, Marion van de 88
Vogel, Hans-Jochen 95
Wagner, Harald 86
Waigel, Theo 109
Wawerzinek, Peter 44
Wegner, Bettina 13, 34, 35, 112
Wegner, Karl-Heinz 34
Weigl, Sanda 31
Weigl, Vladimier 31
Weißhuhn, Reinhard 15
Weizsäcker, Carl Friedrich von 44
Weizsäcker, Richard von 114, 115
Welz, Thomas 86
Wenzel, Hans-Eckardt 82

Widrat, Werner 51
Wiens, Shenja-Paul 58
Wolf, Christa 12, 53, 82, 83, 84, 85, 89
Wolf, Markus 89

Wollenberger, Vera 15, 51
Young, Paul 46
Zechlin, Ruth 82
Zupke, Evelyn 18, 65, 69